AF649028

Wolf-Dieter Hauenschild

Wir brauchen nicht mehr Demokratie, sondern mehr Demokraten

Wolf-Dieter Hauenschild

Wir brauchen nicht mehr Demokratie, sondern mehr Demokraten

Eine Streitschrift

Zweite überarbeitete Auflage

wbg Academic

Die Deutsche Nationalbibliothek verzeichnet diese Publikation
in der Deutschen Nationalbibliografie; detaillierte bibliografische
Daten sind im Internet über http://dnd.d-nb.de abrufbar

wbg Academic ist ein Imprint der Verlag Herder GmbH
© 2021 by wbg (Wissenschaftliche Buchgesellschaft), Darmstadt
Umschlagsabbildung: Daniel Schwen, CC BY-SA 4.0
<https://creativecommons.org/licenses/by-sa/4.0>, via Wikimedia Commons
Satz und eBook: Satzweiss.com Print, Web, Software GmbH
Gedruckt auf säurefreiem und
alterungsbeständigem Papier
Printed in Germany

Besuchen Sie uns im Internet: www.wbg-wissenverbindet.de

ISBN 978-3-534-40504-6

Elektronisch sind folgende Ausgaben erhältlich:
eBook (PDF): 978-3-534-40506-0
eBook (epub): 978-3-534-40505-3

Inhaltsverzeichnis

Einleitung

Stuttgart 21, Volksentscheid kippt Hamburger Schulreform, Bürgerinitiativen behindern Energiewende, niedrige Wahlbeteiligung, Politikverdrossenheit, Politikerfrust, mangelhaftes politisches Personal, Pegida-Demonstration ohne demokratischen Diskurs, die AfD als stärkste Oppositionspartei im Bundestag – ist das alles nur ein Stresstest für das parlamentarische System oder eine essentielle Krise der Demokratie? Diese Frage ist Anlass genug, um über einige Entwicklungen in unserer Demokratie und über die Rezepte nachzudenken, die zur Besserung angeboten werden.

In aller Munde ist, dass die Bürger heute in stärkerem Maße von der Politik ernst genommen werden möchten. Einmal alle 4 Jahre zur Wahl zu gehen, sei ihnen zu wenig, so wird gesagt. Sie wollten nicht nur angehört werden, sondern auch mitwirken, mitbestimmen, Einfluss nehmen, heißt es. Sie sind nicht mehr obrigkeitsstaatlich orientiert. Was die Regierung will, die Parlamente beschlossen haben und die Exekutive durchsetzen möchte, hat nicht mehr per se die Richtigkeit, die Akzeptanz der Bürger für sich.

Bisweilen ist sogar das Gegenteil der Fall: Alles, was von „denen da oben" kommt, wird von vornherein abgelehnt. Bernd Ulrich hat einmal in der ZEIT[1] beschrieben, dass das Urteil über die Niedertracht einzelner Politiker oder auch der politischen Klasse insgesamt häufig nicht das Ergebnis einer Recherche ist, sondern für manche politischen Journalisten im Gegenteil eine Arbeitshypothese für das Herangehen an Politik überhaupt darstellt. Sie weisen immerzu nach, „dass die Politiker von niedrigen Motiven getrieben sind, süchtig nach Aufmerksamkeit, gierig nach Macht, dem Volk entfremdet, und reden können sie auch nicht."

Aber nicht nur bei den politischen Journalisten, sondern auch in nicht unerheblichen Teilen der Bevölkerung herrschen Vorurteile, Verachtung und bisweilen ein so unüberwindbares Misstrauen gegenüber „den Politikern", dass eine direkte Kommunikation nicht mehr möglich ist, allenfalls noch unter Zuhilfenahme externer

---

[1] DIE ZEIT vom 16.12.2010 S. 3.

Vermittler, wie es das Beispiel der Auseinandersetzungen um das Bahnhofsprojekt „Stuttgart 21" zeigt.

Das gilt in besonderer Weise auch für die sogenannten bürgerlichen, gebildeten Kreise. Gerade hier wird Politikverdrossenheit, aber auch die Verweigerung gegenüber der Politik, demonstrativ zur Schau gestellt. Nichtwähler begründen ihre Haltung mit ihrer angeblich demokratischen Einstellung. Sie wollen mit ihrer Enthaltung „das jetzige System nicht legitimieren"[2] und werden dafür in Talkshows öffentlich-rechtlicher Medien hofiert[3]. Die Lyrikerin Nora Bossong beschreibt in ihrem Gedicht „Alte Tante Politik"[4] die Politik als eine alte Dame, die in der Nationalgalerie, zweiter Stock links, Raum 12, abgeschlossen und bewacht ihr Dasein fristet und sich von Tee und Keksen ernährt. Sieht man sich einmal die Bilder der Personen an, die auch nach der Volksabstimmung weiterhin gegen den Umbau des Stuttgarter Bahnhofs demonstrieren, so sind das zu einem sehr großen Teil ordentlich aussehende ältere Damen und Herren, die Lehrer, Beamte, besser situierte Angestellte im Rentenalter, Angehörige des Mittelstands sein könnten, nicht jedenfalls nur die typischen Chaoten oder Dauerdemonstrierer, die man sonst von den einschlägigen Bildern und aus Berichten der Medien kennt.

Konersmann, Philosophieprofessor an der Universität Kiel, spricht vom „Fanatismus der Saturierten"[5]. Möglicherweise sind die grassierende Politik- und Politikerverdrossenheit aber auch „Chiffren für die Unzufriedenheit der Bürger mit den Unübersichtlichkeiten einer komplizierten Demokratie"[6] mit ihren Zuständigkeiten und Entscheidungsabläufen, die nur noch wenige durchschauen können. Wenn man die Haltung kritischer sieht, kann man sie aber auch mit einer mangelhaften politischen Bildung unserer Zeitgenossen erklären.

Verbunden ist diese Protesthaltung gegenüber der Politik häufig mit wenig realistischen Vorstellungen über die Fähigkeiten und die Möglichkeiten auch gutwilliger

---

[2] Peter Monien widmet seine Schrift „Abkürzung zur direkten Demokratie", Version 3.3 Fulda 2019, speziell allen Nichtwählern, „die bewusst nicht wählen gehen, um das jetzige System nicht zu legitimieren".

[3] Z. B. „Polit-Talk" im ARD mit Günther Jauch am 25.8.2013; dagegen: Herr und Speer in DIE ZEIT Nr. 35 vom 22.8.2013: „Wer nicht wählen will, soll zahlen".

[4] DIE ZEIT vom 29.12.2011, S. 7.

[5] Hamburger Abendblatt vom 31.3.2011 S. 2.

[6] Karl-Rudolf Korte in DIE ZEIT vom 14.6.2011, S. 11.

und tüchtiger Politiker, für die zahlreichen, heute virulenten Probleme Lösungen zu finden und diese dann gewissermaßen auch „auf die Schnelle" umzusetzen[7].

Allgemein üblich ist die Gruppenbildung: dort oben die Politiker mit all ihren schlechten Eigenschaften und hier unten die Bürger, die zwar nicht die Macht auf ihrer Seite haben, dafür aber die richtige Lösung kennen, die Wahrheit oder wenigstens die Moral. Für sie wäre alles ganz einfach, wenn nur eben nicht „die da oben" diese vernünftigen, richtigen Lösungen blockierten.

Für Aktivisten und in der konkreten Auseinandersetzung mag diese Klassifizierung der Kampftruppen für die eigene moralische Aufrüstung notwendig sein. Aber kann in der allgemeinen Diskussion diese Entzweiung weiterhelfen? Denn wer sind „die Politiker"? Repräsentieren sie nicht auf Grund ihrer Wahl die Bevölkerung und spiegelt sich hier nicht nur das wider, was wir auch sonst in der Gesellschaft beobachten können: Eigennutz, Gier, Selbstsucht, Eitelkeit? Und kann man diese Gruppe von sehr unterschiedlichen Menschen, die in der Politik tätig sind, überhaupt so über einen Kamm scheren? Errichtet man sich hier nicht nur einen Popanz, auf den man kräftig eindreschen kann, um dabei das Besinnen auf das zu verdrängen, was man selbst durch das eigene Verhalten zu der beklagten Situation beiträgt?

In der Wissenschaft ist für die gegenwärtige politische Situation u. a. von „Postdemokratie" die Rede. Eingeführt hat diesen Begriff der britische Politikwissenschaftler Colin Crouch. Er beschreibt die Postdemokratie als das Ergebnis eines schleichenden Prozesses der Entdemokratisierung, der zwar den formalen Rahmen der Demokratie beibehält, diese aber von innen aushöhlt: die Diskussion politischer Probleme verflacht; vor allem die Wahlen werden immer stärker auf einzelne Spitzenpolitiker ausgerichtet und die Kampagnen von professionellen Werbefachleuten durchgestylt[8]. Die Folge davon soll sein, dass sich unsere Demokratie in eine Oligarchie verwandelt, in der nur noch die maßgeblichen Politiker und ihre Berater – nach Crouch vor allem die Lobbyisten der großen wirtschaftlichen Unternehmen – das Sagen haben. Roger de Weck spricht unter Hinweis auf die zunehmende Digitalisierung von „Ultrakapitalismus", einer Verbindung von „Big Money" und

---

7 Patzelt: „Verdrossen sind die Ahnungslosen" in DIE ZEIT vom 22.2.2001 S. 9; Voßkuhle: „Über die Demokratie in Europa" in FAZ vom 9.2.2012 S. 7; Hierlemann/Wohlfahrt: „Politik beleben, Bürger beteiligen" Studie der Bertelsmann-Stiftung S. 51f.

8 Colin Crouch, *Postdemokratie*, Edition Suhrkamp 2003.

„Big Data", welche die Staaten gegeneinander ausspielt und sie zwingt, immer günstigere Rahmenbedingungen für das Kapital zu schaffen[9].

Das Ansehen der Demokratie bei jungen Leuten, aber nicht nur bei diesen, sinkt in bedrohlicher Weise. Hochschullehrer machen die Erfahrung, dass unter den Studenten wenig Begeisterung für die Demokratie festzustellen ist[10]. Auch die sinkende Wahlbeteiligung ist ein starkes Indiz für diese negative Entwicklung. An der Stichwahl für das Amt des Oberbürgermeisters von Kiel im Herbst 2012 beteiligten sich nur noch 31,9 % der Wahlberechtigten; bei den Landtagswahlen im Jahre 2014 lag die Wahlbeteiligung in Sachsen bei 49,2 % und in Brandenburg sogar nur bei 47,9 %. Bei den folgenden Landtagswahlen erhöhte sich die Wahlbeteiligung in diesen Ländern, was jedoch wesentlich auf die erstmalige Beteiligung der AfD an diesen Wahlen zurückzuführen ist. Diese Partei erhielt immerhin 2019 in Sachsen 27,5 % und in Brandenburg 23,5 % der Stimmen.

Wenn man wie ich diese Entwicklung als alarmierend ansieht, weil man unserer Demokratie einen absoluten Wert beimisst und sie nicht nur als ein politisches System unter vielen versteht, dann muss man überlegen, wie Abhilfe zu schaffen ist. Dabei soll hier nicht in den allgemeinen Chor über die Schlechtigkeit der Politiker eingestimmt und der Grund für die beklagte gegenwärtige Situation nur bei ihnen gesucht werden. Es lohnt sich nach meiner Überzeugung vielmehr, einmal die andere Seite zu betrachten und die kritisierenden und so politikverdrossenen Bürger ins Zentrum der Überlegungen zu stellen, nach ihrer Rolle, ihren Aufgaben in unserer Demokratie zu fragen, vielleicht sogar nach ihren Pflichten und ihren Versäumnissen. Das soll in dieser Streitschrift geschehen. Ich bin mir dabei bewusst, dass dies vielleicht auch ein moralisierender Standpunkt ist. Aber ich gehe optimistisch davon aus, dass wir Menschen lernfähig sind. Es ändert sich nichts, wenn Politiklehrer nur die Fakten beschreiben und beklagen, aber nicht sagen, was der Einzelne zur Verbesserung beitragen kann.

Ich beschränke mich im Folgenden bewusst auf die Verhältnisse in der Bundesrepublik Deutschland. Denn jedes Land hat seine eigenen demokratischen Ausprä-

---

[9] Roger de Weck, *Die Kraft der Demokratie*, Berlin 2020, S. 35ff.

[10] Christoph Möllers, *Demokratie – Zumutungen und Versprechen*, Berlin 2. Aufl., S. 15; in der SINUS-Jugendstudie 2020 „Wie ticken die Jugendlichen? 2020" Schriftenreihe der Bundeszentrale für politische Bildung Bd. 10531, S. 391ff. wird allerdings festgestellt, dass bei den 14- bis 17-Jährigen heute knapp die Hälfte keine negativen Assoziationen mit dem Begriff „Politik" haben, während dies bei zwei Dritteln der Erwachsenen der Fall ist.

gungen und Traditionen, sein eigenes Verständnis von Demokratie. Grund dafür sind die unterschiedlichen historischen, verfassungsrechtlichen und politisch-kulturellen Entwicklungen in den einzelnen Staaten, die verschiedenen Bewertungen von Bürgerrechten, vielleicht auch das, was man vorsichtig mit Volkscharakter bezeichnen kann. Ich bin allerdings davon überzeugt, dass einiges von dem, was ich nachstehend beschreibe, für Demokratien allgemein von Bedeutung ist und damit auch für die Demokratien in anderen Ländern gilt. Denn es ist ja keineswegs so, dass nur bei uns die Bürger mit dem gegenwärtigen demokratischen System nicht einverstanden sind. Auch in unseren Nachbarstaaten, eigentlich in allen etablierten Demokratien gibt es diese Kritik, wenn auch vielleicht in anderen Formen und mit anderen Schwerpunkten als bei uns.

Um Missverständnisse von vornherein auszuschließen, erkläre ich: wo es in unserer Sprache eine weibliche und eine männliche Form gibt, z. B. Bürgerin und Bürger, verwende ich allein zur besseren Lesbarkeit traditionell die männliche Form; gemeint ist aber immer zugleich auch die weibliche Form.

1. Abschnitt: Wer ist ein Demokrat?

Die Frage wurde nicht erst aktuell, nachdem Gerhard Schröder den russischen Präsidenten Putin als „lupenreinen Demokraten“ bezeichnet hatte. Sicher gibt es auch in Autokratien Menschen, die man mit Recht als Demokraten bezeichnen kann, etwa diejenigen, die gerade in Belarus und in Russland, aber auch anderswo, unter Einsatz ihres Lebens für die Einführung oder Durchsetzung demokratischer Rechte kämpfen. Ist andererseits jeder Bürger einer Demokratie ein Demokrat? Reicht es aus, dass jemand in einer Demokratie lebt, um ihn als Demokraten zu bezeichnen? Oder gibt es inhaltliche Kriterien, die erfüllt sein müssen, um den Bürger zum Demokraten zu adeln? Muss er dazu etwa eine bestimmte Rolle in unserem Gemeinwesen übernehmen?

Für die Erfinder der Demokratie stand das außer Frage. Dies waren nach den heutigen Vorstellungen die Bürger von Athen/Attika in der Zeit von etwa 500 bis 320 v. Chr., auch wenn es wahrscheinlich in anderen griechischen Städten damals ähnliche Entwicklungen gegeben hat. Sie praktizierten eine echte Herrschaft des Volkes, in der alle damaligen staatlichen Funktionen von den Bürgern selbst wahrgenommen wurden[11].

Das wichtigste Organ war die Volksversammlung, die mindestens an 40 Tagen im Jahr stattfinden musste und an der sich wenigstens 20 bis 25 % der Bürger beteiligten. Sie tagte zunächst auf dem Marktplatz, später auf der Pnyx, einem Halbrund, welches zuletzt Platz für 15 000 Teilnehmer bot[12]. Die Mitglieder des „Rates der 500“, der die Tagungen der Volksversammlung vorbereitete und auch leitete, wurden jeweils für ein Jahr unter den Bürgern der 10 Bezirke ausgelost, den sogenannten Phylen, in die Attika eingeteilt war. Das gleiche galt für die etwa 700 Leitungsbeamten, die ebenfalls unter den Bürgern der Phylen für ein Jahr ausgelost wurden. Schließlich waren auch die Mitglieder der Gerichte keine Juristen, sondern Bürger. Unter den Bewerbern wurden 6000 Bürger ausgelost, von denen an den

---

11 Zum Folgenden Jochen Bleicken, *Die Athenische Demokratie*, 4. Aufl. Paderborn 1995; Hubertus Buchstein, *Demokratie und Lotterie*, Frankfurt am Main 2009, Kapitel 1 und 2.

12 Bleicken a .a. O. S. 192.

etwa 200 Gerichtstagen im Jahr bei Sonnenaufgang die Richter für die einzelnen Gerichtshöfe ebenfalls durch Los bestimmt wurden, pro Gerichtshof zwischen 200 bis 1000 Richter.

Dabei ist allerdings zu bedenken, dass von den gut 250 000 Menschen, die zu der damaligen Zeit in Attika lebten, nur etwa 25 000 in diesem Sinne Bürger waren und politische Rechte hatten, nämlich die volljährigen, von athenischen Eltern abstammenden Männer. Frauen, zugezogene Einwohner und vor allem die große Zahl an Sklaven waren im verfassungsrechtlichen Sinne keine Bürger. Da die oben erwähnten Ämter (Rat der 500, Leitungsbeamte und Richter) von diesen etwa 25 000 Bürgern wahrgenommen werden mussten, wurde so gut wie jeder athenische Bürger in seinem Leben mindestens einmal zu öffentlichen Aufgaben, also zur Regierung und zur Beteiligung an den Gerichten, herangezogen. Hinzu kam für alle die Teilnahme an den für unsere Verhältnisse häufig stattfindenden Tagungen der Volksversammlung.

Eine Konsequenz dieses Systems war eine große Homogenität der Rechtsinhaber. Die Beschäftigung mit der aktuellen Politik war Teil ihres Lebens. Athen und auch die Attika insgesamt waren ein überschaubarer Bereich. Jeder war über alles informiert, was politisch von Bedeutung war. Die Bürger waren auch unmittelbar von ihren eigenen Entscheidungen betroffen. Wer in der Volksversammlung für einen Feldzug votierte, musste anschließend als Krieger oder als Ruderer auf einer Triere in den Krieg ziehen. Sie waren stolz auf ihr demokratisches System, vor allem nach den großen Erfolgen der Stadt in den Perserkriegen und während der Zeit des attischen Städtebundes. Sie hielten es für ihre selbstverständliche Pflicht, sich ebenso um die Aufgaben des Staates zu kümmern wie um die eigenen Angelegenheiten. Wer sich dem versagte, galt als unnütz[13].

Die athenische Demokratie hatte sich aus einer Krise der Adelsherrschaft entwickelt. Der legendäre Solon, selbst ein Adliger, hatte die Athener gelehrt, dass jeder einzelne Bürger politische Verantwortung für die Stadt übernehmen müsse. Dies geschah dann in der Folgezeit schrittweise. Entsprechend den Verpflichtungen der Bürger zur Beteiligung an der Kriegführung der Stadt wuchsen diesen auch politische Rechte zu, zunächst den Wohlhabenden, die im Kriege auch ihre Rüstung zu stellen hatten, später dann auch alle anderen – bis hinunter zu denen, die nur ihre Muskelkraft auf den Ruderbänken zur Verfügung stellen konnten.

---

13 Bleicken a. a. O. Passim, vor allem S. 64, 2929ff.

Alle erhielten gleiche politische Rechte, aber eben auch die damit korrespondierenden politischen Pflichten zur Beteiligung an den Regierungsaufgaben in der Stadt.

Demgegenüber wurde die neuzeitliche Demokratie gegen diejenigen erkämpft, die den Staat beherrschten. Dabei kämpften Bürger für ihre Freiheiten und ihre Emanzipation. Dieser Freiheitskampf gegen die Obrigkeit prägte die Vorstellung von Demokratie – die aus ihr resultierenden Pflichten, die Verantwortung des Einzelnen für das Ganze, spielte in diesem Kampf hingegen keine prägende Rolle[14].

Deshalb findet man auf die Frage nach der Rolle des Bürgers in unserer Demokratie als Antwort zunächst einmal eine Fülle von kodifizierten Rechten und Möglichkeiten, die der Bürger in dieser Staatsform wahrnehmen kann: Freiheit der Person, gleiches Recht zur Teilnahme an Wahlen und Abstimmungen, Bekenntnis- und Gewissensfreiheit, Recht zur freien Meinungsäußerung, Demonstrations- und Versammlungsrecht, Vereinigungsfreiheit, usw. Aber ebenso wie bei den allgemeinen Grund- und Menschenrechten ist von der Kehrseite dieser Rechte, von den Aufgaben oder gar von den Pflichten der Bürger in unserer Demokratie, nicht die Rede. Eine Pflicht zur Wahrnehmung bestimmter Aufgaben in der Demokratie oder auch für sie wird nicht formuliert. Es gibt noch nicht einmal eine Wahlpflicht.

Nun hat in diesem Zusammenhang das Wort von der Pflicht möglicherweise auch einen zu strengen und starken Klang. Man assoziiert schnell „Pflichtverletzung" und „Sanktionen", die sich aus dieser ergeben könnten. Das widerspricht dem Ideal der Freiheit, das eng mit unserem Demokratiebegriff verbunden ist. Bisweilen wird von „staatsbürgerlichen Pflichten" gesprochen, die einen nicht so unbedingten Charakter haben, denen man zwar nachkommen und die man erfüllen sollte, denen sich der Einzelne aber auch verweigern kann, ohne dass er selbst eine unmittelbare Sanktion befürchten muss.

Das darf jedoch nicht daran hindern zu fragen, ob eine Demokratie, jedenfalls die Demokratie des Grundgesetzes, überhaupt funktionieren kann, wenn die Bürger, die sich zu dieser Demokratie bekennen, nicht bestimmte Aufgaben wahrnehmen. Einige Staatsrechtler sprechen von der Notwendigkeit einer frei-

---

[14] Erich von Kahler „Das Schicksal der Demokratie" in: Ulrich Matz, *Grundprobleme der Demokratie*, Darmstadt 1973, S. 35ff., 38f.

heitlichen Verfassungskultur als Bedingung unserer Demokratie, welche u. a. die Bereitschaft der Bevölkerung zur aktiven Teilnahme am politischen System auf demokratischem Wege beinhalten würde[15]. Bezogen auf das Thema dieser Abhandlung wäre zu fragen, ob die beklagten Defizite der demokratischen Situation heute ihre Ursache möglicherweise auch darin haben, dass die Bürger nicht oder zu wenig mitspielen und ihre tatsächlich vorhandenen Aufgaben in unserer Demokratie nicht erfüllen.

Die Ausgangsfrage, wer ein Demokrat, eine Demokratin sei, ist daher keineswegs so banal, wie sie sich zunächst anhört. Fast alle von uns werden sich als Demokraten bezeichnen. Aber was ist eigentlich das Spezifikum eines Demokraten? Was antworten wir unseren Kindern und Enkelkindern, unseren Schülern und Studenten auf die Frage: Was zeichnet Dich eigentlich als Demokraten aus? Reicht das persönliche Bekenntnis zur Demokratie als solches schon oder muss man als Demokrat auch irgendetwas dafür tun, und zwar etwas mehr als alle 4 Jahre zur Wahl zu gehen?

Wenn Letzteres der Fall ist, lautet die Frage konkret: Was ist unser eigener Beitrag zur Demokratie? Oder anders gewendet: Einer meiner Lehrer, der Philosoph Carl-Friedrich von Weizsäcker, hat 1964, also vor gut 50 Jahren die Frage gestellt[16]:

> „Was tun wir dazu, dass in dem unendlich gefährdeten Zustand, in dem sich die Welt, in dem sich unser gesellschaftliches, unser politisches Leben heute befindet, das Richtige getan und das Falsche unterlassen wird?“

Die Frage ist heute mindestens genau so aktuell wie damals. Sie soll hier nicht abstrakt gestellt werden, sondern ganz konkret und unmittelbar gemeint sein. Sie richtet sich an mich, an Sie als Leser, an jeden von uns. Es geht nicht um die Theorie, sondern um die Praxis: Was tun wir als Demokraten, beziehungsweise was sollten wir tun?

---

15 So z. B. Schneider in: Benda/Maihofer/Vogel, *Handbuch des Verfassungsrechts* 1983 S. 246; Stern, *Das Staatsrecht der Bundesrepublik Deutschland*, Bd. 2. Aufl. München 1984, § 18 I. 5.

16 In seinen Vorlesungen, aber auch in seiner Schrift „Die politische Verantwortung der Nichtpolitiker“, München 1964, S. 15.

I. Demokratie = Herrschaft des Volkes

1. Allgemeine Erläuterungen zum Begriff

Nach Wikipedia ist Demokratie einerseits die Bezeichnung für das Ideal einer durch Zustimmung der Mehrheit der Bürger und deren Beteiligung legitimierten Regierungsform und andererseits die Selbstbezeichnung für tatsächlich existierende politische Systeme, unabhängig davon, ob und gegebenenfalls wie weit diese Systeme dem Ideal entsprechen. Was ein Demokrat ist und ob er Pflichten hat, wird nicht erörtert.

In der allgemeinen Literatur zum Stichwort Demokratie werden die verschiedenen Theorien und Arten von Demokratien sowie einzelne Elemente des demokratischen Systems dargestellt und deren Auswirkungen auf die Entscheidungsfindung, ihre Vor- und Nachteile untersucht. Es werden sogar Maßstäbe für die Messung des Demokratiegehalts von Staatsverfassungen entwickelt und erörtert. Verfallserscheinungen werden diskutiert und über Begriffe wird gestritten. Die Rolle des einzelnen Bürgers in der Demokratie, was ihn als Demokraten ausmachen könnte, wird jedoch so gut wie nicht behandelt[17].

Christoph Möllers beschreibt in seinem originellen und schon deshalb sehr lesenswerten kleinen Lehrbuch[18] Demokratie als eine Herrschaftsordnung, die auf dem Versprechen ihrer Mitglieder beruht, sich wechselseitig gleiche Freiheit zuzuerkennen, und die dementsprechend organisiert ist. Der Untertitel lautet „Zumutungen und Versprechen", und im letzten Kapitel geht es ausdrücklich um die „Zumutungen der Demokratie". Hier werden zwar allgemein viele notwendige Verhaltensweisen und Einstellungen beschrieben, die für unsere Demokratie lebensnotwendig sind, bis hin zur „demokratischen Zumutung der Demut". In diesem Kanon wird jedoch nicht behandelt, ob Demokratie grundsätzlich auch den persönlichen Einsatz des Bürgers fordert und gegebenenfalls welchen.

---

[17] Z. B. Manfred G. Schmidt, *Demokratietheorien*, 4. Aufl. Wiesbaden 2008; Michelsen/Walter, *Unpolitische Demokratie*, 2014; *Demokratie? Eine Debatte*, edition suhrkamp, Berlin 2012; Stefan Marschall, *Demokratie*, Bundeszentrale für politische Bildung Bd. 1426.

[18] Siehe oben Fußnote (FN) 10, Passim.

Abraham Lincoln hat die Kurzdefinition gegeben: Demokratie ist Regierung des Volkes durch das Volk und für das Volk. Hier könnte ein Ansatzpunkt für eine Antwort liegen. Dass von „Regierung durch das Volk“ die Rede ist, deutet darauf hin, dass das Bekenntnis zur Demokratie allein nicht ausreicht, sondern dass das Volk bzw. seine Mitglieder etwas tun, eben dass sie regieren müssen, wie dies ja auch die mit dem Bürgerrecht ausgestatteten Männer im klassischen Athen getan haben.

Was man unter „Regieren“ zu verstehen hat, soll an dieser Stelle nicht im Einzelnen erörtert werden; der Leser wird eine Vorstellung davon haben. Nur ganz allgemein: Regieren heißt entscheiden und gemäß dieser Entscheidung auch handeln. Gemeint ist die Gesamtheit der vielen großen und kleinen Entscheidungen, die getroffen und umgesetzt werden müssen, um das Zusammenleben innerhalb eines Staates zu regeln, darüber hinaus aber auch das Zusammenleben des eigenen mit den anderen Staaten. Die Entscheidungen richten sich in der Regel auf zukünftige Sachverhalte.

„Regierung durch das Volk“ bedeutet demnach, dass das Volk, beziehungsweise die Bürger als Teile des Volkes, sich an diesen Entscheidungen beteiligen. Wenn dafür der Wahlakt allein nicht ausreicht, was offensichtlich der Hintergrund für die Unzufriedenheit mit unserer Demokratie bei vielen Menschen heute ist, bleibt die Frage, wie der Wunsch nach mehr Mitregierung im Rahmen unserer Ordnung umgesetzt werden kann.

2. Demokratie nach dem Grundgesetz der Bundesrepublik Deutschland

Nach den Art. 20 und 79 Abs. 3 des Grundgesetzes (GG) gehört die demokratische Staatsform zum sogenannten verfassungsrechtlichen Minimum. Sie könnte auch auf dem Wege der vom Grundgesetz an sich vorgesehenen Verfassungsänderung nicht abgeschafft werden. Was aber das Grundgesetz unter Demokratie versteht, wird an keiner Stelle definiert. Der Inhalt des Begriffs wird vielmehr vorausgesetzt und meint die klassische Demokratie westlicher Prägung[19]. Einzelne Elemente werden in der Literatur und der Rechtsprechung als Bestandteile des Begriffs benannt. Demzufolge gehören zur Demokratie nach dem Grundgesetz

[19] Stern, oben FN 15, § 18, S. 599ff.

die Grundrechte, das parlamentarische System, Minderheitenschutz, der Grundsatz der Gewaltenteilung, das Rechtsstaatsprinzip u. a. m. – alles Grundsätze und Rechtsinstitute, die für die Frage danach, was denn einen Demokraten ausmache, wenig hergeben.

Die grundlegende Vorschrift für unser demokratisches System findet sich in Art. 20 Abs. 2 GG. Sie lautet:

> „Alle Staatsgewalt geht vom Volke aus. Sie wird vom Volke in Wahlen und Abstimmungen und durch besondere Organe der Gesetzgebung, der vollziehenden Gewalt und der Rechtsprechung ausgeübt."

Demnach gibt es eine unmittelbar-demokratische, plebiszitäre Ausübung der Staatsgewalt oder auch eine Regierung durch das Volk, nämlich in Wahlen und Abstimmungen. Das Bundesverfassungsgericht hat die Wahl der Abgeordneten als „Quelle der Staatsgewalt" bezeichnet und festgestellt, dass mit jeder Wahl die Staatsgewalt immer wieder neu vom Volke ausgehe[20]. Das Recht der Bürger, in Freiheit und Gleichheit durch Wahlen die öffentliche Gewalt personell und sachlich zu bestimmen, ist nach dem Grundgesetz also der elementare Bestandteil des Demokratieprinzips[21].

Wahlen gibt es allerdings nur in sehr eingeschränkter Form. Das Volk wählt die Abgeordneten des Deutschen Bundestages. Andere Wahlen, die das Volk selbst vornimmt, sind nach dem Grundgesetz auf Bundesebene nicht vorgesehen. Solche gibt es nur in den Bundesländern und vor allem in den Kommunen, etwa nach einigen Kommunalverfassungen die Direktwahl der Bürgermeister.

Abstimmungen gibt es nach dem Grundgesetz bei der Neugliederung des Bundes, Art. 29 GG, und nach Art. 146 GG muss eine neue Verfassung vom deutschen Volk in freier Entscheidung beschlossen werden. Ob darüber hinaus Abstimmungen oder Plebiszite nach dem Grundgesetz überhaupt zulässig sind, ist unter Verfassungsrechtlern umstritten. Die Mehrheit bejaht heute diese Frage[22] und heutzutage sind in allen Bundesländern Abstimmungen als plebiszitäre Verfahren vorgesehen.

---

[20] So etwa in seinem Urteil über den Lissabon-Vertrag vom 30.6.2009, 2BvE 2/08, Rnr. 209.

[21] BVerfG siehe oben FN 20, RNr. 211.

[22] Horst Dreier in: Grundgesetzkommentar herausgegeben von Horst Dreier, Bd. 2, 2. Aufl., Tübingen 2006, Art. 20 RNr. 106ff., 109.

Für die Art und Weise, wie das Volk die Staatsgewalt in Wahlen und Abstimmungen ausübt, enthält das Grundgesetz in Art. 38 Abs. 1 Satz 1 nur die Wahlrechtsgrundsätze: Die Wahl soll allgemein, unmittelbar, frei, gleich und geheim sein. Ferner gibt es Vorschriften über das Wahlrechtsalter, Art. 38 Abs. 2 GG. Alles Weitere findet sich im Wahlgesetz, das Vorschriften über das Wahlverfahren beinhaltet, vor allem auch für das Verfahren der Kandidatenaufstellung für den Bundestag.

Aufgrund dieser Regelungen muss man feststellen, dass unsere Demokratie nicht von einer Identität der Regierenden mit den Regierten ausgeht, wie dies im klassischen Athen der Fall war. Die Verhältnisse waren damals aber auch völlig andere als heute: Ein Gemeinwesen mit 25 000 Vollbürgern damals ist nicht vergleichbar mit einem Staat heute mit über 60 Millionen Wahlberechtigten. Diese können sich nicht mehr auf einem Marktplatz treffen. Sie können nur über Vertreter tätig werden.

Im zweiten Satz des oben zitierten Art. 20 Abs. 2 GG wird daher die mittelbare Ausübung der Staatsgewalt bzw. der Regierung durch Vertreter des Volkes beschrieben, nämlich die Ausübung der Staatsgewalt durch die Handlungen der besonderen Organe der Gesetzgebung, der vollziehenden Gewalt und der Rechtsprechung. „Mittelbar" wird in diesem Zusammenhang so verstanden, dass diese Organe sich im Ergebnis immer auf Wahlakte zurückführen lassen müssen. Nur dann kann man von einer mittelbaren Ausübung der Staatsgewalt durch das Volk sprechen.

Was die Organe der Gesetzgebung angeht, so ist dies ohne weiteres einsichtig: Die Abgeordneten des Bundestages werden von der wahlberechtigten Bevölkerung gewählt.

Bei der vollziehenden Gewalt wird die Mittelbarkeit dadurch gewährleistet, dass die Spitzen der Executive, also die verantwortlichen Mitglieder der Regierung, vom Parlament, also den gewählten Abgeordneten, bestimmt werden. Von ihnen wird dann im Rahmen der Behördenhierarchie die „Gewalt" nach unten „abgeleitet".

Im Falle der rechtsprechenden Gewalt ist es so, dass die Mitglieder des Bundesverfassungsgerichts je zur Hälfte vom Bundestag und vom Bundesrat gewählt werden, die Mitglieder der obersten Gerichtshöfe des Bundes durch Richterwahl-Ausschüsse, die aus den Fachministern der Länder und einer gleich großen Anzahl von Mitgliedern bestehen, die vom Bundestag gewählt werden. Die Richter der Bundesländer werden ebenfalls von Richterwahlausschüssen gewählt, denen Mitglieder der Landesparlamente oder solche, die von diesen Parlamenten gewählt worden sind, angehören.

Damit gewinnen diese drei besonderen Organe ihre Legitimation aus Wahlakten. Das Bundesverfassungsgericht hat vor allem in seinen Entscheidungen zur Übertragung hoheitlicher Befugnisse auf Organe der Europäischen Union dem Grundsatz der Volkssouveränität in diesem Sinne eine herausragende Bedeutung beigemessen, indem es wiederholt festgestellt hat, dass die Bürger einen Anspruch darauf haben, nur einer öffentlichen Gewalt ausgesetzt zu sein, die sie selbst beeinflussen und legitimieren können. Demokratische Selbstbestimmung heißt demnach, dass jede Ausübung von öffentlicher Gewalt in Deutschland auf Wahlen zurückführbar sein muss[23]. Dies ist der menschenrechtliche Kern des Demokratieprinzips, das seine Verankerung im Eigenwert und der Würde des zur Freiheit befähigten Menschen findet[24].

3. Der demokratische Willensbildungsprozess

Aber all diese verfassungsrechtlichen Vorgaben sagen nur etwas aus über die formale Frage, auf welche Weise die Staatsgewalt vom Volke ausgeübt wird: durch Wahlen, Abstimmungen und besondere Organe. Die entscheidende Frage zum Inhaltlichen jedoch, wie das umgesetzt und realisiert werden kann, was das Volk in der Sache will, wie, mit welchen Inhalten und Zielen, regiert werden soll und wer von der Vielzahl der möglichen Bewerber als Kandidat für die Wahlen der unterschiedlichsten Art infrage kommt, das wird weder von irgendeiner Verfassungsvorschrift noch von einem Gesetz beantwortet. Hierfür ist vielmehr ein Meinungs- und Willensbildungsprozess innerhalb der Mitglieder des Volkes, also zwischen den Bürgern, selbstverständliche Voraussetzung. Über diesen Willensbildungsprozess wird vom Grundgesetz nichts gesagt. Doch erst als Ergebnis eines solchen Prozesses steht fest, welche sachlichen und personellen Alternativen es gibt. Erst dann kann entschieden werden, in welche Richtung die Staatsgewalt vom Volke ausgehen soll, oder einfacher: was gewollt ist, wie regiert werden soll und vor allem: welche Personen mit dieser Tätigkeit beauftragt werden sollen.

Bei gut 60 Millionen Bürgern wird es immer eine Vielzahl von Vorschlägen zur Sach- und Personalpolitik geben. Es wird nie so sein, dass sich alle Mitglieder des

---

23 So zuletzt in seiner Entscheidung vom 3.5.2020, 2 BvR 859/15, RNr. 99f.

24 BVerfG Urteil vom 30.7.2019, 2 BvR 1685/14, RNr. 115ff.

Volkes für ein bestimmtes Amt auf eine bestimmte Person verständigen können oder in einer Sachfrage gemeinsam eine einheitliche Lösung favorisieren. Die Vorstellung, dass es einen gemeinsamen Willen des Volkes gäbe, dass alle Gutwilligen dasselbe wollten, wenn nur nicht „die da oben“ mit ihrem Parteiengezänk diesen Willen verfälschten oder ignorierten, ist ein Argument „aus der Rüstkammer überwinterter Antiparteienaffekte“[25], eine „autoritäre Fiktion“[26], oder noch deutlicher mit dem Rechtsphilosophen und zeitweiligen Justizminister der Weimarer Republik Gustav Radbruch: Es ist „die Lebenslüge des Obrigkeitsstaates“. Der berühmte Ruf „Wir sind das Volk“ stimmte selbst in der friedlichen Revolution des Jahres 1989 nicht. Die Demonstranten vertraten nicht die Meinung der gesamten Bevölkerung der damaligen DDR. Die Mitglieder der SED, die Angehörigen des Regierungsapparates mit Stasi und Volksarmee, die Führungsgremien der verstaatlichten Betriebe waren schon ihrer Zahl nach ein nicht unwesentlicher Teil des Volkes der DDR und stimmten sicherlich nicht damit überein, was die Demonstranten forderten.

Auch wenn heute viele immer noch der Vorstellungen anhängen, dass es diesen vernünftigen Willen des Volkes gäbe, und deshalb in der Einführung plebiszitärer Elemente auf Bundesebene das Heilmittel für die Leiden an unserer Demokratie sehen, lohnt sich eine Diskussion über diese Glaubensfrage nicht. Man muss nur einmal in die Leserbriefspalten der Tageszeitungen sehen oder die sozialen Medien konsultieren, um festzustellen, dass es für jede politische Entscheidung, für jeden Wahlvorschlag ganz unterschiedliche und sich oft diametral widersprechende Meinungen im Volke gibt. Hinzu kommt, dass politische Entscheidungen in der Regel auf die Zukunft ausgerichtet sind und dass wir als Menschen nicht in die Zukunft sehen können. Selbst die Wissenschaft ist hier in ihren Erkenntnismöglichkeiten begrenzt, wie sich gerade wieder in der Corona-Krise gezeigt hat[27]. Sichere Aussagen über die zukünftige Entwicklung sind ihr nur begrenzt möglich. Und schließlich: Auch bei den Personen, die gewählt werden sollen, weiß man nicht sicher, wie diese sich in ihrem Amt entwickeln und bewähren werden.

---

25 Everhard Holtmann, *Der Parteienstaat in Deutschland*, Bundeszentrale für politische Bildung Bd. 1289, Bonn 2012, S. 144.

26 Möllers, siehe oben FN 10, S. 53.

27 Maximilian Probst und Ulrich Schnabel: „Nichts ist in Stein gemeißelt“ in: DIE ZEIT vom 30.7.2020 S. 25f.

Um regieren zu können, braucht man jedoch trotz dieser Unsicherheiten Entscheidungen. Dies ist das Wesen von Regierung. Deshalb müssen am Ende des Meinungs- und Willensbildungsprozesses durch Wahlen und Abstimmungen Mehrheitsentscheidungen herbeigeführt werden (so für den Bundestag Art. 42 Abs. 2 GG).

Doch wie kommt nun ein solcher Meinungs- und Willensbildungsprozess zustande? Dieser muss ja zunächst einmal auf irgendeine Weise von irgendjemandem angestoßen und organisiert werden. In einem überschaubar kleinen politischen Gemeinwesen, in dem sich die Leute kennen, kann man sich auf dem sprichwörtlichen Marktplatz treffen und darüber diskutieren. Das war in den antiken Stadtstaaten so, in den kleinen Kommunen bei uns heute ist das in ähnlicher Weise unproblematisch. Aber ein Volk mit gut 60 Millionen Wahlberechtigten kann nicht an irgendeiner Stelle zusammenkommen, um diesen Prozess anzustoßen und zu betreiben. Und selbst wenn dies der Fall wäre oder wenn man einen solchen Prozess mit Hilfe der neuen Medien organisieren könnte, müsste irgendjemand Vorschläge zur Sache, zu den Personen und vor allem auch zum Verfahren machen.

Denn erfahrungsgemäß werden bei der großen Zahl der Teilnehmer an diesem Prozess auch eine fast unendliche Zahl an Vorschlägen in sachlicher und personeller Hinsicht entstehen. Diese müssen sortiert und geordnet, zusammengefasst und auf wenige Alternativen reduziert werden, über die dann alle abstimmen können. Diese Reduzierung der Vorschläge auf wenige Alternativen ist kein Vorgang, der ohne Streit, neutral und nach wissenschaftlich-objektiven Regeln abläuft. Hierzu bedarf es einer intensiven Überzeugungsarbeit und vieler Kompromisse.

In dem Prozess muss jeder das gleiche Recht oder jedenfalls die Möglichkeit zur freien Meinungsäußerung haben, ohne irgendwelche Nachteile befürchten zu müssen. Jeder muss die Chance haben, sich in dem erforderlichen Umfang zu informieren. Diejenigen, die in sachlicher Hinsicht die gleichen Ziele verfolgen oder einzelnen Personen vertrauen und sie für geeignet halten, bestimmte Ämter zu besetzen, müssen die Möglichkeit haben, sich zusammenzutun und durch Werbung, Überzeugung und Kompromisse Mehrheiten zu organisieren.

Dieser Meinungs- und Willensbildungsprozess ist nicht auf die Zeit vor Wahlen und Abstimmungen beschränkt. Er ist die wesentliche Substanz der Demokratie des Grundgesetzes und begleitet die politische Entwicklung permanent, auch zwischen den Wahlen[28]. Denn „nach der Wahl ist vor der Wahl“, wie es so schön heißt. Der Wettbewerb zwischen der Regierung und der sie stützenden Parlamentsmehrheit auf der einen Seite und der Opposition auf der anderen geht unvermindert weiter. In den Medien werden die Alternativen dargestellt und kommentiert. Wer die Wahl verloren hat, setzt alle Kraft darauf, beim nächsten Mal die Mehrheit zu erringen und so die Regierung zu übernehmen.

Bei der Frage, wer denn die treibenden Kräfte in diesem Meinungs- und Willensbildungsprozess seien, führt der nächste Artikel des Grundgesetzes zu einem Lösungsansatz: Zur Konkretisierung des Demokratiebegriffs in Deutschland gehört auch Art. 21 GG. In ihm werden die politischen Parteien mit ihrer Funktion erwähnt und damit als Teil unseres demokratischen Systems verfassungsrechtlich anerkannt. Diese Anerkennung der Aufgabe der Parteien erfolgte hier erstmalig in einer deutschen Verfassung, obwohl es bekanntlich sowohl im Kaiserreich als auch in der Weimarer Republik Parteien gegeben hat und diese auch dort das politische Leben maßgeblich bestimmten. Nach dem Vorschlag des Parlamentarischen Rates wurde diese Anerkennung allerdings noch sehr zurückhaltend formuliert: „Die Parteien wirken bei der politischen Willensbildung des Volkes mit“. Ihre innere Ordnung muss demokratischen Grundsätzen entsprechen. Ihnen wird aber auch ein besonderer verfassungsrechtlicher Schutz zugewiesen: Sie können nur durch das Bundesverfassungsgericht verboten werden.

Im Folgenden soll diese Aufgabe der politischen Parteien und die Bedeutung der Parteimitglieder für das Funktionieren unserer Demokratie etwas ausführlicher behandelt werden.

---

28 Dieter Grimm, „Die politischen Parteien“ in: Benda u. a., *Handbuch des Verfassungsrechts*, Berlin 1983, S. 317ff., S. 322ff.

II. Die Bedeutung der Parteien für das Funktionieren der Demokratie

1. Parteien als die notwendigen Instrumente des demokratischen Willensbildungsprozesses

Die Demokratie in der Bundesrepublik Deutschland ist als Parteiendemokratie organisiert. Das Volk sammelt sich in den Parteien nach bestimmten, von diesen vertretenen politischen Grundüberzeugungen und Werten. Meistens spielen bei dieser Sammlung auch bestimmte, charismatische und rhetorisch begabte Personen mit ihrer Überzeugungskraft eine besondere Rolle. Die Parteien filtern die Meinungen und Vorstellungen in der Bevölkerung, bündeln sie, fassen sie zusammen, gleichen sie intern aus und bemühen sich, ihnen im Bereich der staatlichen Willensbildung Geltung zu verschaffen.

Wo neue Vorstellungen entstehen, wie zum Beispiel bei der grünen Umweltbewegung oder bei den „Piraten", bilden sich neue Initiativen, die sich bei Erfolg zu Parteien entwickeln können. Jüngstes Beispiel hierfür ist die Partei „Alternative für Deutschland", welche sich zunächst aus den Gegnern der offiziellen und weitgehend auch von der Opposition im Bundestag gebilligten Europa-Politik gebildet hatte und sich in der Folgezeit dann zu einer nationalistisch-konservativen Partei entwickelte, die sich rechts der CDU/CSU verortet und nach der Bundestagswahl 2017 mit 92 Abgeordneten im Bundestag die größte Oppositionspartei bildet.

Die Entwicklung dieser Partei wird von vielen kritisch gesehen. Sie zeigt jedoch exemplarisch, dass unsere Parteiendemokratie funktioniert: Wenn wesentliche Teile der Bevölkerung mit den Politikangeboten der vorhandenen Parteien nicht einverstanden sind, können sie sich über eine Neugründung Gehör verschaffen und sich in das politische Kräftespiel einbringen. Finden sich dagegen für bestimmte, in der Öffentlichkeit vertretene politische Konzepte weder Mehrheiten in den bestehenden Parteien noch genügend Beteiligte, um neue Bewegungen zu bilden, die diese Konzepte auf ihre Fahnen schreiben und sich zu Parteien entwickeln, so bleiben diese politischen Vorstellungen für die staatliche Willensbildung ohne Bedeutung. Auch dies ist dann ein Ergebnis der demokratischen Willensbildung.

Die Parteien bereiten die Parlamentswahlen vor. Sie nehmen auf die Entscheidungen von Regierung und Parlament Einfluss und stellen die Kandidaten für die Besetzung der Staatsämter[29]. Dies alles entspricht der Rechtsprechung des Bundesverfassungsgerichts[30], wonach Parteien Zusammenschlüsse von Bürgern „mit dem Ziel der Beteiligung an der Willensbildung in den Staatsorganen" sind.

Der Staatsrechtler und Verfassungsrichter Gerhard Leibholz ging bei der Neubegründung der Demokratie in Deutschland nach dem 2. Weltkrieg davon aus, dass sich das Volk wie früher auf dem Marktplatz heute in den Parteien versammelt. Er hat deshalb die Parteiendemokratie als das Surrogat der direkten Demokratie im Flächenstaat, als eine rationalisierte Erscheinungsform der plebiszitären Demokratie bezeichnet[31]. Gegen seine Lehre wurden zwar später Einwände erhoben: Das Volk versammele sich nicht in den politischen Parteien und neben diesen gäbe es auch noch andere Kräfte, die sich am politischen Willensbildungsprozess beteiligten, etwa die Massenmedien und die Verbände.

Ich halte diesen Erklärungsansatz gleichwohl für überzeugend, auch wenn ich mit den Kritikern von Leibholz eine Identität von Volk und Parteivolk ablehne. Aber die Parteien sind nun einmal in unserem demokratischen System ein Angebot zur Mitregierung des Volkes vor allem auch zwischen den Wahlen, das allen Bürgern offensteht. Vergleichbare Theoriegebäude mit einem ähnlich „ganzheitlichen Deutungsanspruch" gibt es bis heuten im Übrigen nicht[32].

Das Spektrum der Parteien bildet sich nach dem jeweiligen Wahlrecht mehr oder weniger gut in den Parlamenten ab. Dort bilden die Parteien Fraktionen, wenn die Zahl ihrer Abgeordneten die von der Geschäftsordnung vorgeschriebene Mindestzahl erreicht. Es ist inzwischen in der Staatsrechtslehre und der politischen Wissenschaft herrschende Meinung, dass Parteien für den politischen Meinungsbildungsprozess in der Bevölkerung einer Massendemokratie wie der unseren unverzichtbar sind.

---

29 So die ständige Rechtsprechung des Bundesverfassungsgerichts, etwa die Entscheidung in der amtlichen Sammlung Bd. 20 S. 56ff. (101) und die herrschende Meinung unter den Staatsrechtslehrern, etwa Morlok in: Dreier Grundgesetz Kommentar, siehe oben FN 22, Art. 20 RNr. 19ff.

30 BVerfGE Bd. 44 S. 125ff. (145).

31 Gerhard Leibholz „Der Strukturwandel der modernen Demokratie" in: Grundprobleme der Demokratie, Darmstadt 1973, S. 171–244.

32 Dazu ausführlich Everhard Holtmann, siehe oben FN 25, S. 149ff.

Ebenso sind die von den Parteien gebildeten Parlamentsfraktionen notwendig, um bei dieser Größe und Abgeordnetenzahl parlamentarische Arbeit zu ermöglichen. Selbst 1848/49 in der Frankfurter Paulskirche haben sich sehr schnell Fraktionen gebildet, damit das Parlament überhaupt arbeiten konnte, obwohl diese Versammlung ja mehr ein Honoratiorenparlament war und es Parteien in unserem Sinne damals noch nicht gab.[33]

Wenn es in Art. 20 Abs. 2 GG lapidar heißt, dass alle Staatsgewalt vom Volke ausgehe, so verläuft dieser Weg über die Parteien. Die Parteien arbeiten im Zentrum des demokratischen Staatswesens. Bürger schließen sich in Parteien zusammen, um Willensbildung bis in die Staatsorgane hinein zu betreiben. Dies ist Regierung durch das Volk.

Das gilt selbst dann, wenn eine Partei nicht an der Regierung beteiligt ist, sondern sich in der Opposition befindet. Denn auch dann nimmt sie Einfluss, zeigt sie Alternativen auf, wirbt für diese in der Öffentlichkeit, klärt Verantwortungen, zwingt die Handelnden zur Aufklärung und zur Entscheidung und stellt die Alternative zur vorhandenen Regierung dar.

2. Mitarbeit in den Parteien ist heute die Aufgabe von Demokraten

Die Parteien erfüllen also mit ihrer Willensbildung die entscheidende Funktion für das demokratische Mitregieren des Volkes. Wenn sich daher jemand als Demokrat bezeichnet und als solcher betätigen will, ist er zunächst einmal aufgerufen, sich hier zu beteiligen, und das heißt: in einer Partei mitzuarbeiten.

Die Parteien bieten hierfür ein breites Spektrum von unterschiedlichen Möglichkeiten der Mitwirkung an: vom schlichten Mitglied eines Ortsvereins über Funktionen auf den unterschiedlichen organisatorischen Ebenen der Parteien bis zur Kandidatur für staatliche Ämter.

Gefragt ist die Beteiligung an der Meinungs- und Willensbildung innerhalb der Partei über die dafür vorgesehenen organisatorischen Abläufe. Heute kommen in

---

33 Zur Arbeit und Bedeutung der Parlamentsfraktionen ausführlich: Wolf-Dieter Hauenschild *Wesen und Rechtsnatur der parlamentarischen Fraktionen*, Berlin 1968.

zunehmenden Maße Elemente der direkten Demokratie innerhalb der Parteiorganisation hinzu, also Urwahlen und Mitgliederbefragungen.

Die Piraten-Partei hat als weiteres Verfahren der Willensbildung innerhalb der Partei „liquid democracy“ in die Diskussion eingeführt. Mit der speziellen Software „liquid feedback“ sollen über das Internet die Stellungnahmen der Partei vor deren Veröffentlichung von den Mitgliedern diskutiert, darüber abgestimmt und so die offizielle Parteimeinung hergestellt werden, und zwar in verschiedenen, aufeinander folgenden, zeitlich vorgegeben Schritten[34]. Ob ein derartiges Verfahren im politischen Leben praktikabel ist, erscheint augenblicklich eher zweifelhaft. Aber möglicherweise gibt es hierfür auch neuere Entwicklungen.

Nach Art. 21 Abs. 1 Satz 3 GG muss die innere Ordnung der Parteien demokratischen Grundsätzen entsprechen. Alle Parteien sind daher so organisiert, dass sich auch das einzelne Mitglied Gehör verschaffen kann. Es kann Vorschläge und Anträge einbringen und sie zur Abstimmung stellen. Gelingt es ihm auf der Ebene, auf der es sich betätigt, und dann auch auf den höheren Ebenen Mehrheiten für sein Projekt zusammenzubringen, so kann es damit die Politik seiner Partei beeinflussen. Handelt es sich bei dieser um die Regierungspartei, so kann über diese sogar Einfluss auf die aktuelle Politik genommen werden.

Die Aufgabe als Instrumente des Meinungs- und Willensbildungsprozesses können die Parteien allerdings nur erfüllen, wenn sie auch über eine ausreichende Anzahl an Mitgliedern verfügen, die diesen Prozess befördern und die Anbindung an die Bevölkerung herstellen können. Sie müssen die verschiedenen Strömungen dort wahrnehmen, die Vorstellungen in die Diskussion einbringen und bewerten. Nur so können die Parteien auch einen Querschnitt der Bevölkerung abbilden. Dazu gehören viele Menschen, jedenfalls mehr, als heute in den Parteien organisiert sind. Wie wenige das sind, werde ich im folgenden 3. Abschnitt näher erläutern.

Auch bei der Auswahl der Kandidaten für die Wahlämter kommt es darauf an, dass möglichst viele Mitglieder zur Verfügung stehen, um einerseits geeignete Bewerber zu finden und um andererseits eine gute Wahl abseits der Seilschaften und des Einflusses einzelner Prominenter treffen zu können. Es ist daher von der Zahl der Mitglieder und deren Aktivität abhängig, ob die Parteien ihre in unserer Demokratie vorgesehene Funktion wahrnehmen können.

---

[34] Dazu Dagmar Rosenfeld: „Wenn alle mit allen über alles reden. Immer“ in: DIE ZEIT vom 26.4.2012 S. 3.

Bestehen die Parteien dagegen nur noch aus Funktionärskadern ohne Rückbindung in die Bevölkerung, können sie diese Funktion nicht erfüllen. Es findet keine Meinungsbildung von unten nach oben, also aus der Gesellschaft in den Bereich der Staatsorgane, mehr statt und auch keine Rückkopplung von oben nach unten. Die handelnden Politiker werden außerhalb der Partei als „abgehoben" empfunden. Die Sach- und Personaldiskussion in den Parteien kommt zum Erliegen. Meinungsbildung erfolgt über die Medien und über Umfrageergebnisse, bisweilen auch über freie Initiativen, die sich für einzelne Probleme stark machen. Was die Parteien selbst wollen, wird immer undeutlicher. Die Funktionäre und diejenigen, die über die Partei Karriere machen wollen, richten sich auf die nächsten Wahlen ein und versuchen nur noch, bis dahin keine Fehler zu machen. Das ist die Situation, wie sie leider heute weitgehend zu beobachten ist.

Umfragen und Medienkampagnen sind ohne Zweifel zulässige, ja sogar notwendige Instrumente der Meinungsbildung in unserer Demokratie. Dennoch muss man immer auch fragen, wer dahinter steht, wer die – meist recht aufwändigen – Kampagnen bezahlt, wer welche Fragen stellt, wer die Ergebnisse wie und für wen interpretiert. Üblicherweise sind das nicht die Bürger. Sie sind meist mehr die Konsumenten solcher Events, vielleicht auch nur Claqueure.

Natürlich dient diese Art von Meinungsbildung auch der Information des Publikums. Aber was sind die Konsequenzen: Das Geschimpfe am Stammtisch und in den sozialen Medien, Frustrationen, Vorurteile werden bestärkt, weil jeder für sich selbst immer nur das herauspickt, was er ohnehin schon immer geglaubt hat. Hinzu kommt vielleicht auch einmal, nach flüchtiger und einseitiger Information, eine Unterschrift für die Liste einer Initiative. Das ist für den Bürger in einer Demokratie zu wenig.

Hier ist das Selbstbewusstsein der Demokraten gefordert. Sie sind aufgerufen, sich dieser dauernden Fremdbestimmung zu entziehen, aus der Position des Konsumenten von Politik herauszutreten und sich selbst in den Diskussionsprozess einzubringen, und zwar in den Parteien. Denn nur dort können sie sich zusammen mit anderen und mit deren Unterstützung an der Willensbildung bis in die Staatsorgane beteiligen. Außerhalb und allein bleibt der Einzelne regelmäßig ungehört.

Deshalb ist es für unsere Demokratie grundlegend, dass Demokraten in den Parteien mitarbeiten. Damit soll nicht gesagt werden, dass die demokratische Mitwirkung in unserer Demokratie nur in einer Tätigkeit in den Parteien bestehen könne. Die Bürger können sich auch außerhalb der Parteien als Demokraten betätigen und am Meinungs- und Willensbildungsprozess teilnehmen – etwa, indem sie öffentlich ihre Meinung im Internet oder den sozialen Medien äußern. Besondere Möglichkeiten hierfür bieten sich heute auch in den zahlreichen Sendungen in Funk und Fernsehen, wo Bürger zu bestimmten Themen befragt werden und sich äußern können. (Aber: Wer wählt zum Beispiel diejenigen aus, die in der Sendung zu Wort kommen? Wer wählt die Bilder, die Videos aus, die veröffentlicht werden?) Demokratische Mitwirkung ist es auch, wenn sich Bürger in Vereinen, Verbänden, Gewerkschaften oder Bürgerinitiativen betätigen, Versammlungen und Demonstrationen veranstalten, Petitionen einreichen, an direkt-demokratischen Abstimmungen sowie an Wahlen teilnehmen und bei diesen selbst kandidieren, letzteres sogar als Einzelbewerber und ohne Partei.

Alle diese demokratischen Mitwirkungsmöglichkeiten beziehen sich jedoch – abgesehen von der Wahlhandlung und der Kandidatur – in der Regel nur auf einzelne sachliche Aufgabenfelder, auf ein bestimmtes politisches Problem, für dessen Lösung demonstriert oder eine Petition eingereicht wird, das durch Anhörung, Mitwirkung bei der Planung oder auch durch einen Volksentscheid geklärt werden soll. Die Tätigkeit in einer politischen Partei dagegen beschränkt sich nicht nur auf diese einzelnen Sachprobleme, sondern umfasst das gesamte Spektrum der Politik: von der „großen" Politik mit den sehr unterschiedlichen Sachgebieten auf internationaler, europäischer und auf Bundesebene über die Länderebene bis hin zu den kommunalpolitischen Entscheidungen. Gerade auch auf der Ebene der Kommunalpolitik sind Parteien und Parteivertreter aktiv. Hier auf der untersten Parteiebene, der Ebene der Ortsvereine, bestehen besondere Möglichkeiten, direkt auf die Politik der Partei vor Ort Einfluss zu nehmen, meistens sogar unabhängig von den höheren Ebenen der Parteiorganisation.

Würden die Vielen, die erst dann protestieren, wenn die Entscheidung schon gefallen ist und die Bagger anrücken, in den Parteien mitarbeiten, könnten sie schon im Vorfeld der Entscheidung Einfluss nehmen. Sie müssten nicht „nachklappen" – mit all den Nachteilen, die damit verbunden sind, insbesondere den juristisch meist schon festgezurrten Zwängen und vor allem der enormen Zeitverzögerung bei der Realisierung der Vorhaben.

An aktuellen Beispielen wird deutlich, dass die Parteien nicht nur bei uns, sondern auch in anderen Weltgegenden notwendige Instrumente sind, um die Demokratie überhaupt zu ermöglichen. Für die Staaten in Nordafrika und im Nahen Osten etwa, die gegen ihre autoritären Herrscher kämpfen und den Weg zur Demokratie suchen, ist es besonders wichtig, dass sich die Menschen in Parteien zusammenschließen, um eben die unterschiedlichen politischen Vorstellungen und Interessen zu bündeln, dabei auch allzu extreme Vorstellungen auszugleichen und um Kandidaten für öffentliche Ämter zu benennen und bekannt zu machen. Kommt es dagegen in der Bevölkerung nicht zu einer kraftvollen Parteienbildung unter den Regimegegnern, gewinnen meist die alten Machtstrukturen die Auseinandersetzung oder mehr oder weniger autoritäre Milizenführer erobern die Macht.

In früheren Zeiten war das nicht anders. Denn immer gab es im Bereich der Politik unterschiedliche Interessen und Vorstellungen, deren Vertreter sich in demokratischen Staatswesen jeweils zusammengetan und bisweilen auch richtig organisiert haben, um ihre Ziele verwirklichen zu können. In Deutschland sind seit dem Kaiserreich die Parteien politisch maßgebliche Kräfte, auch wenn in der konstitutionellen Monarchie vor allem die Macht der Parlamente stärker eingeschränkt war als später in Weimar oder gar heute. Sogar in der antiken römischen Demokratie gab es Parteien. Man denke nur an die Auseinandersetzungen im antiken Rom zwischen den Landreformern und den Vertretern der Grundbesitzer, wie Robert Harris sie in seinen Romanen über Cicero eindrucksvoll beschrieben hat. Dies waren zwar keine Parteien in unserem Sinne – also keine Massenorganisationen mit mehr oder minder demokratischen Strukturen, wie wir sie heute kennen und wie sie durch das Parteiengesetz definiert werden –, sondern eher Gefolgschaften, die sich um bestimmte Personen versammelten. Entscheidend ist aber, dass sich auch damals eine Vielzahl von Personen als demokratische Bürger zusammentaten, um politisch und damit auf der staatlichen Ebene gemeinsame Ziele zu verwirklichen.

In der Literatur zur Demokratie[35] wird die Existenz von Parteien heute als selbstverständlich vorausgesetzt und nicht danach gefragt, ob es Demokratie ohne Parteien gäbe beziehungsweise wie solch eine Demokratie aussehen könnte. Im Gegenteil: In der vergleichenden Demokratieforschung, in der es um Messungen des Demokratie- und Autokratiegehalts von Staatsverfassungen geht, ist es ein Kriterium für eine demokratische Verfassung, ob das Volk das Recht hat, sich in politischen Parteien oder anderen konkurrierenden Gruppierungen seiner Wahl zu organisieren und ob das System offen ist für Aufstieg und Fall dieser Parteien oder Gruppierungen[36].

---

[35] Schmidt, siehe oben FN 17; Stern, siehe oben FN 15, §13 II.4, §18 II. 5f.

[36] Schmidt, siehe oben FN 17 S. 370 ff.; Marschall, siehe oben FN 17 S. 69ff.

Allerdings fehlt hier der Blick auf die Demokraten. Es wird nicht erörtert, wer diese Menschen sind, die in Parteien mitarbeiten, und warum sie dies tun. Es wird schlicht davon ausgegangen, dass es solche Menschen gibt. Weitergehende Fragen werden nicht gestellt – etwa: Wie kommen die Menschen dazu, Mitglied einer Partei zu werden? Sind es mehr persönlich-egozentrische Gründe, Karrierewünsche, die sie dazu veranlassen, sich in Parteien zu engagieren, oder auch andere, etwa Tradition und Erziehung, oder mehr altruistische Gründe? Ist es das demokratische Selbstbewusstsein oder die Frage danach, was denn ein Demokrat sei und was man als Demokrat tun, wie man sich verhalten müsste, um dem gerecht zu werden, wofür andere mit Leidenschaft und unter Einsatz ihres Lebens gekämpft haben und auch heute noch kämpfen?

All diese Themen spielen in der Literatur zur Politikwissenschaft allenfalls eine marginale Rolle. Das Gleiche gilt angesichts der immer größer werdenden Vorbehalte gegenüber unserer Demokratie auch für die Frage, ob unsere Demokratie möglicherweise daran krankt, dass immer weniger Bürger in den Parteien mitarbeiten. Demnach ist es auch nicht zu erwarten, dass von der Wissenschaft ein kräftiger Impuls ausgeht, Menschen zur Mitarbeit in den Parteien zu veranlassen.

III. Formen von Demokratie ohne Parteien?

Wie schon erwähnt steht in der deutschen Bevölkerung ein immer größer werdender Anteil den Parteien ablehnend gegenüber. Manche halten sie gar für eine Fehlentwicklung unseres demokratischen Systems. Ich werde darauf noch an späterer Stelle zu sprechen kommen. Hier soll zunächst die Frage erörtert werden, ob es, abgesehen von den Verhältnissen auf kommunaler Ebene, in bevölkerungsreichen Ländern überhaupt Demokratien gibt, die ohne Parteien auskommen.

1. Direkte Demokratie

Eine Alternative könnte die direkte Demokratie sein, wie sie in verschiedenen Staaten neben dem parlamentarischen System praktiziert wird, etwa in der Schweiz, in einigen Bundesstaaten der USA, aber auch in den deutschen Bundesländern und vor allem auf kommunaler Ebene. Viele[37] sehen in der Einführung und der Verstärkung direkt-demokratischer Elemente den entscheidenden Hebel, um unser demokratisches System zu sanieren. Hier kann – so wird propagiert – der einzelne Bürger unmittelbar an den politischen Entscheidungen mitwirken, ohne Mitglied einer politischen Partei zu sein.

a.) Direkte Demokratie und politische Parteien

Dazu zunächst: Plebiszite werden in der Bundesrepublik regelmäßig von Bürgerinitiativen initiiert und organisiert. Auch die Bürgerinitiativen sind im Prinzip politische Parteien, zwar nicht im Rechtssinne, aber ihrem Wesen nach – eben Ein-Thema-Parteien. Sie haben jeweils ein politisches Ziel, das sie auf staatlicher Ebene durchsetzen wollen. Sie verfügen über eine gewisse Organisation, einen Willensbildungsprozess, haben Mitglieder, Repräsentanten, brauchen Geld. Wenn sie mit ihrem Anliegen den Nerv eines größeren Kreises der Bevölkerung treffen, können sie sich auch zu einer Partei im Sinne des Parteiengesetzes entwickeln.

Jüngste Beispiele hierfür sind die schon erwähnte Piratenpartei und die Partei „Alternative für Deutschland". Dabei zeigt sich das interessante Phänomen, dass sich eine solche Ein-Thema-Partei gewissermaßen erst zu einer richtigen Partei mausern muss, was heißt, dass die Gruppierung im Grunde genommen das gesamte Spektrum politischer Fragen möglichst weitgehend abdecken muss, bevor sie als Partei ernst genommen wird. Denn die Wähler möchten nicht nur wissen, was diese Partei über ihr Spezialthema zu sagen hat – die ökologische Entwicklung, den Klimawandel, das Internet und die Durchsichtigkeit politischer Entscheidungsprozesse, über die europäische Einigung oder das Flüchtlingsproblem –, sondern sie verlangen auch Auskunft über Lösungsvorschläge in anderen Bereichen, vor allem für die alltäglichen Probleme, die die Menschen sonst noch bedrängen.

Und: Auch in den Staaten mit direkter Demokratie gibt es natürlich Parteien, etwa in der Schweiz und den USA. Schon weiter oben hatte ich darauf hingewiesen, dass sich plebiszitäre Entscheidungen immer nur auf einzelne politische Projekte beziehen, während Regieren demgegenüber ein fortlaufender Prozess ist, eine

[37] Besonders ist hier der Verein „Mehr Demokratie e.V." zu nennen, der inzwischen in allen Bundesländern vertreten ist.

unendliche Reihe von Entscheidungen, die nur bisweilen miteinander zusammenhängen, häufig aber auch nicht. Kein demokratischer Staat, auch keine Kommune kommt nur mit Plebisziten aus. Immer müssen kleine oder größere Entscheidungen getroffen werden, für die der plebiszitäre Prozess schlicht ungeeignet wäre. Dies geschieht auch in den genannten Staaten durch die von den Parteien aufgestellten und vom Volk gewählten Politiker.

Die Parteien sind es zudem häufig, die direktdemokratische Aktionen anregen und bisweilen selbst betreiben, vor allem wenn sie im Parlament zu schwach sind, um ihr Anliegen dort durchzusetzen.

Stuttgart 21 ist hierfür ein klassisches Beispiel. Die Grünen waren immer gegen dieses Projekt gewesen, hatten sich aber in den parlamentarischen Gremien nicht durchsetzen können. Als dann bei Beginn der Bauarbeiten mit dem Abriss einzelner Bauteile begonnen, als vor allem die ersten Bäume gefällt wurden und hiergegen neuer Bürgerprotest entstand, setzten sich die Grünen an die Spitze der Bewegung und erreichten mit Unterstützung der Medien eine fast beispiellose Popularität in der gesamten Bundesrepublik, gerade auch in den sogenannten bürgerlichen Kreisen, die zu der, im Nachhinein irrigen, Vorstellung führte, die Grünenpolitikerin Renate Künast werde bei der bevorstehenden Wahl in Berlin das dortige Bürgermeisteramt ohne weiteres erobern können.

b.) Vor- und Nachteile direkter Demokratie

Um nicht missverstanden zu werden: Plebiszitäre Elemente sind auch nach meiner Überzeugung ohne jeden Zweifel ein unverzichtbarer Teil des parlamentarischen Systems, eine notwendige Ergänzung vor allem bei solchen Problemen, die Parteien aus eigener Kraft nicht lösen können. Ich teile allerdings nicht die Meinung, dass die direkte Demokratie das Instrument ist, mit dem unsere Demokratie saniert werden kann. Nach meiner Überzeugung ist es wichtiger, die Bürger dazu zu bringen, verstärkt in den Parteien mitzuarbeiten.

Plebiszitäre Entscheidungen können in Einzelfällen Verkrustungen aufbrechen, wo die Parteien sich allzu sehr festgelegt haben oder fundamentale eigene Positionen infrage stellen müssten und deshalb Gesichtsverluste befürchten oder wo sie ihre eigene Machtposition bedroht sehen. Die Änderung des Wahlrechts ist hierfür ein klassischer Fall. Auf Bundesebene wird dies seit vielen Jahren diskutiert. Das

Bundesverfassungsgericht hat eine Änderung angemahnt. Dennoch ist jedenfalls im Augenblick eine Änderung , die eine breite Mehrheit im Bundestag finden könnte, nicht in Sicht. Bei der Änderung des Wahlverfahrens in Hamburg, aber auch bei der Einführung der Volksgesetzgebung dort, war dies ebenfalls der Fall. Jahrzehntelang hatte es hier keine mehrheitsfähigen Initiativen im Parlament gegeben. Alle Parteien, vor allem deren Funktionäre, fürchteten um ihre Besitzstände und Einflussmöglichkeiten. Diese Blockade konnte erst durch Plebiszite aufgebrochen werden. In Fällen, die nicht so unmittelbar existenziell für die Parlamentarier sind, genügt allerdings häufig schon die glaubhafte Drohung mit derartigen Maßnahmen, etwa die Durchführung von Unterschriftensammlungen, um die Parteien und ihre Politik wieder an den Bürger heranzuführen.[38]

Erfahrungsgemäß ist das Volk beim Beschließen von Steuern und Abgaben zurückhaltender als das Parlament. Es dämpft mit plebiszitären Entscheidungen den Auswuchs der Staatsausgaben und begünstigt Regelungen, nach denen vornehmlich die Nutzer staatlicher Leistungen diese dann auch durch Gebühren zu bezahlen haben.[39] Der Grund hierfür ist einleuchtend. Wenn Steuern und Gebühren erhöht werden sollen, trifft das diejenigen unmittelbar, welche darüber im Plebiszit zu entscheiden haben. Sie werden daher bei derartigen Entscheidungen im eigenen Interesse tendenziell zurückhaltend agieren. Bei den Abgeordneten dagegen steht die eigene Betroffenheit nicht so sehr im Vordergrund wie die allgemeinen Notwendigkeiten des Haushalts und der Finanzbedarf öffentlicher Institutionen.

Vor allem im Bereich der Kommunalpolitik hat die direkte Demokratie eine große und positive Bedeutung. Die Bürger vor Ort kennen die Verhältnisse bisweilen besser als die zuständigen Kommunalpolitiker und sind bereit, sich für ihr unmittelbares Umfeld zu engagieren. Verhalten sich hier alle Beteiligten – Kommunalpolitiker als Parteivertreter, Investoren und betroffene Bürger vor Ort – vernünftig und kooperativ, kann dies sogar zu einer Beschleunigung der Entscheidungsprozesse führen.[40]

---

38 Angelika Gardiner „Ein gewisses Drohpotential“, in: *Direkte Demokratie in Hamburg*, Landeszentrale für politische Bildung, Hamburg 2014, S. 96ff.

39 Habermann, mehr demokratie Heft 1/09 S. 9 mit vielen Nachweisen.

40 Anja Quast, die Vorsitzende der SPD-Fraktion in der Bezirksversammlung Hamburg-Wandsbek, beschreibt dies sehr plastisch mit guten Ratschlägen für alle Beteiligten in: „Bürgerbegehren – eine Herausforderung für alle Kommunalpolitiker und -politikerinnen“, in: *Direkte Demokratie in Hamburg*, Landeszentrale für politische Bildung, Hamburg 2014, S. 78ff.

Da aber von manchen die direkte Demokratie durchaus als Allheilmittel gegen die Politikverdrossenheit der Bürger und als entscheidendes Mittel zur Beseitigung des Demokratiedefizits angesehen wird, darf man bei all diesen Vorteilen auch die Probleme von direkt-demokratischer Entscheidungsverfahren nicht außer Acht lassen.

Direkte Demokratie setzt ein hohes Maß an politischer Kultur voraus. Erforderlich ist die Bereitschaft der abstimmungsberechtigten Bevölkerung, sich über die anstehenden Probleme ausreichend zu informieren und mit dem Für und Wider zu beschäftigen. Es reicht nicht aus, nur seine Unterschrift auf eine Liste zu setzen. Dies gilt vor allem auch dann – und dies ist der entscheidende Punkt –, wenn der Einzelne von dem Problem nicht unmittelbar betroffen ist. Gerade dann muss er sich beteiligen, weil sonst die Entscheidung allein bei den Betroffenen und ihrem Eigeninteresse liegt.

Ob vor allem bei den persönlich nicht betroffenen Bürgern diese Fähigkeit und die Bereitschaft zur Mitwirkung tatsächlich vorhanden ist, erscheint nach den bisherigen Erfahrungen zweifelhaft. Wer nicht persönlich betroffen ist, sieht sich häufig nicht dazu aufgefordert, Zeit und Arbeitskraft in die Sache zu investieren, sich mit den anstehenden Problemen zu beschäftigen und an der Abstimmung teilzunehmen. Eine solche politische Kultur – die Bereitschaft zum Engagement, ohne unmittelbar betroffen zu sein – muss sich erst entwickeln, muss wachsen. Es muss auf sie hin erzogen werden, sie entsteht nicht von heute auf morgen. Unser Land verfügt anders als etwa die Schweiz nicht über eine entsprechende, in Jahrhunderten gewachsene Tradition.

Nach der Beschäftigung mit der zu entscheidenden Frage muss sachgerecht entschieden werden. Das, was die Kritiker den gewählten Abgeordneten nicht zutrauen oder sogar schlicht absprechen, die sachgerechte, am Allgemeinwohl, dem Wohl des Volkes orientierte Entscheidung, müssen eben diese Kritiker nun selbst zustande bringen, und dies nicht nur jeder Einzelne von ihnen selbst, sondern die gesamte abstimmungsberechtigte Bevölkerung. Ob dort das Allgemeinwohl immer erkennbar und die Richtschnur für die Entscheidung ist, kann bezweifelt werden. Bisweilen spielen auch Motive bei der Abstimmung eine Rolle, die mit der Sache selbst, um die es geht, wenig zu tun haben. Bei den plebiszitären Entscheidungen gegen den Europäischen Verfassungsvertrag in Holland und Frankreich ging es zum Beispiel nicht in erster Linie um die neue Europäische Verfassung, sondern um Voten gegen die jeweiligen Regierungen.

Fehlt die geforderte politische Kultur, wird in der Regel den Betroffenen, also einzelnen Interessengruppen, die sich vor allem über die Medien laut artikulieren können, eine zu große Macht eingeräumt. Die Entscheidung wird dann im Endeffekt ihnen überlassen. Denn sie nehmen in jedem Fall an der Abstimmung teil und werden die Sache dann für sich entscheiden, wenn sich die anderen – die schweigende Mehrheit – nicht beteiligen. In solchen Fällen setzt sich der Egoismus der Minderheit der unmittelbar Betroffenen und damit zumeist das „St. Florians-Prinzip" durch: „Heiliger St. Florian, verschon' mein Haus, zünd' andere an".

Bei den Abstimmungen in der Schweiz, die von der Regierung veranlasst werden, zeigt es sich, dass die Zustimmung zur Regierungsvorlage umso größer ist, je mehr Bürger sich an der Abstimmung beteiligen. Die Gegner der Regierung nehmen regelmäßig an der Abstimmung teil, schon um ihr Missfallen mit der Regierung zum Ausdruck zu bringen und dieser gegebenenfalls zu schaden. Sie haben damit eine zweifache Motivation: Sie sind in sachlicher Hinsicht gegen die Vorlage und wollen zudem der Regierung eine Niederlage zufügen. Je höher aber die Abstimmungsbeteiligung ist, desto mehr nehmen auch diejenigen teil, welche mit der Vorlage zufrieden sind und nicht das Bedürfnis haben, der Regierung eine Niederlage beizubringen, was im Ergebnis dann zu einer höheren Zustimmungsrate führt[41].

Dieser Kritik wird regelmäßig entgegengehalten, dass die schweigende Mehrheit gewissermaßen selbst schuld sei, sie hätte sich ja beteiligen können. Nur: Es geht hier nicht um Schuld oder Nichtschuld, sondern um die Qualität der durch das Plebiszit getroffenen Entscheidung. Einer sachgerechten und am Gemeinwohl orientierten Lösung des Problems dienen solche Entscheidungen nicht. Dies aber soll doch gerade durch das andere, nämlich das direkt-demokratische, Verfahren erreicht werden.

Direkt-demokratische Entscheidungsvorgänge sind in hohem Maße anfällig für Populisten und Demagogen. Deshalb sind gerade die Vertreter extremer Positionen rechts und links für solche Verfahren. Die in weiten Teilen der Bevölkerung leider nicht vorhandene politische Bildung und die einseitige Information in den Blasen der sozialen Medien macht es immer schwieriger, Demagogen zu entlarven. Unwahrheiten werden trotz Widerlegung geglaubt, Verschwörungstheorien für wahr gehalten, das Fehlverhalten der populistischen Führung bagatellisiert und entschul-

[41] Nico v. d. Heiden, Projektleiter am Zentrum für Demokratie in Aarau, mehr demokratie Heft 4/2012, S. 16f.

digt. Die Brexit-Entscheidung in Großbritannien und die Wahlkämpfe von Donald Trump in den USA sind hierfür exemplarisch.

Vor allem bei emotionsbeladenen Fragestellungen und dann, wenn hinter der Initiative Kräfte stehen, die über finanzielle und/oder mediale Macht verfügen, kommt es häufig zu einer gefühlsmäßigen Aufheizung des Themas, welches zur Abstimmung steht – mit gefährlichen und nicht sachgerechten Ergebnissen. Die Entscheidungen in der Schweiz gegen den Bau von Minaretten und für die Begrenzung der Zuwanderung sind hier typische Beispiele.

Plebiszite eignen sich für Entscheidungen, die sich auf klare und übersichtliche Alternativen reduzieren lassen und deren Auswirkungen für jedermann leicht zu erfassen sind. Nach einigen Verfahrensordnungen für plebiszitäre Verfahren in den Bundesländern können von sogenannten Vertrauensleuten der Initiativen Kompromisse mit der entsprechenden Gegenseite geschlossen werden. Auch wenn die Legitimation solcher Vertrauensleute nicht unproblematisch ist, kann auf diese Weise immerhin das sonst bestehende Problem gelöst werden, dass bei Plebisziten Verständigungen und Kompromisse nicht möglich sind.

Geht es dagegen um sachlich schwierige, für den Laien schwer durchschaubare und komplexe Sachverhalte mit großen Auswirkungen nicht nur für die abstimmungsberechtigte Bevölkerung, z. B. um die Entscheidungen in der Finanz- und Eurokrise, um die heftig umkämpften Handelsverträge der EU mit wichtigen Partnern, oder gegenwärtig um die Entscheidungen zur Verhinderung der weiteren Erderwärmung oder zur Bekämpfung der Corona-Pandemie, sind in erster Linie die Parlamente zur Entscheidung aufgerufen. In den Parlamenten versammelt sich die politische Erfahrung. Die Abgeordneten sind ansprechbar. Es ist ihr Beruf, solche Entscheidungen vorzubereiten und dann auch zu treffen. Sie verfügen, eher als die große Masse der Bevölkerung, über Sachverständige, Beratungsgremien und alle denkbaren Möglichkeiten der Information. Vor allem aber haben sie auch die Zeit, sich sachgerecht auf die Entscheidung vorzubereiten, was dem Bürger normalerweise nicht möglich ist[42].

Bei Plebisziten findet der für solche Verfahren notwendige umfangreiche Informations- und Meinungsbildungsprozess in der Regel nicht statt. Vielmehr wird meist mit Schlagworten und mit Unterstellungen gearbeitet, die von interessierter Seite

---

42 Soboczynski: „Mehr Demokratie wagen?“ in: DIE ZEIT Nr. 50 vom 1.12.2013 S. 55f.; Möllers, siehe oben FN 10 RNr. 32.

vorgetragen werden; bei den digitalen Möglichkeiten heute sogar von staatlichen Instanzen und Gruppierungen aus dem Ausland, die eigene Interessen verfolgen.

Dass es immer wieder einzelne Abgeordnete gibt, die dem Anspruch auf ausreichende eigene Vorbereitung schwieriger Entscheidungen nicht genügen, spricht nicht gegen die hier vertretene Auffassung. Denn natürlich mag man über die Qualität einzelner Abgeordneter streiten, Dies spricht aber nicht für den Ersatz der Parlamentsentscheidung durch Plebiszite, da auch bei diesen eine hohe Qualität nicht (bzw. noch viel weniger) gewährleistet ist. Vielmehr kommt es hier darauf an, die Qualität des politischen Personals zu verbessern, wozu in diesen Ausführungen später noch einiges gesagt werden soll.

Entscheidungen im Parlament schaffen Transparenz und Verantwortlichkeit. Die Parteien müssen ihre Entscheidung dort begründen. Man weiß anschließend, wie die Entscheidung mit welcher Begründung zustande gekommen ist und welche politische Kraft die Verantwortung für das konkrete Ergebnis trägt. Dies kann dann bei der nächsten Wahl bedacht werden. Bei Plebisziten ist das nicht der Fall: Die Transparenz ist nicht gegeben, Gründe für das Entscheidungsergebnis lassen sich meist erst nachträglich ermitteln, und verantwortlich ist niemand. Besonders bei knappen Ergebnissen und einer niedrigen Abstimmungsbeteiligung erscheint das höchst problematisch und kann zu schwer überbrückbaren Gräben in der Bevölkerung führen.

Die Befürworter der direkten Demokratie halten dem entgegen[43]: Wer sich gegen die Entscheidungsfähigkeit und das Entscheidungsrecht des Volkes als dem Souverän wende, rüttele an den Grundfesten unserer Demokratie; das Volk sei nicht weniger schlau als seine Vertreter; auch Wahlen wären bei dieser Auffassung nicht vertretbar, denn einzelne Sachverhalte, über die zu entscheiden sei, wären nicht weniger komplex als die Wahlprogramme der Parteien; schließlich stehe keine Entscheidung auf so stabilem Boden wie die vom Volk getroffene. Diesen Argumenten möchte ich im Folgenden nachgehen und sie widerlegen.

Die Argumentation, es werde an den Grundfesten unserer Demokratie gerüttelt, läuft ins Leere, denn wir leben in einer repräsentativ-parlamentarischen Demokratie, in der zunächst einmal die Abgeordneten solche komplexen Entscheidungen treffen müssen. Wer sich daher für den Erhalt dieser Regelung einsetzt, spricht sich für unser gegenwärtiges demokratisches System aus und rüttelt nicht an dessen

---

[43] Mehr demokratie, Grundlagenheft 2010, S. 20ff.

Grundfesten. Will jemand dies ändern und auch für politisch schwierige und komplexe Fragen den Volksentscheid als Entscheidungsinstrument einführen, so muss er den Beweis dafür erbringen, dass hierdurch die Entscheidungen besser, d. h. sachgerechter würden und mehr dem allgemeinen Wohl dienten, und zwar auch für die von der Entscheidung nur mittelbar Betroffenen. Er müsste darlegen, dass die plebiszitären Entscheidungen auch in der Begründung verständlicher, nachvollziehbarer und die Verantwortung aufdeckend wären.

Dabei ist es unerheblich, ob „das Volk" mehr oder weniger schlau ist als seine Vertreter. Wichtig ist, dass es der Beruf der vom Volk gewählten Abgeordneten ist, sich vornehmlich mit den schwierigen und komplexen politischen Fragen zu beschäftigen. Die Abgeordneten sind die Experten, auch wenn häufig jedermann meint, mitreden zu können. Sie haben dafür Zeit und alle Möglichkeiten der Unterrichtung und Information. In der Regel besitzen sie auch größeren politischen Sachverstand, mehr Urteilskraft und Durchblick – jedenfalls als der Durchschnitt der Bevölkerung.

Dass ein Volksentscheid besser akzeptiert würde als eine Entscheidung des Parlaments, ist zunächst einmal nur eine Behauptung und bedeutet nicht, dass er inhaltlich richtig ist. Gerade, wenn das Ergebnis knapp ausfällt, kann das den Streit verlängern und zu tiefen Gräben in der Bevölkerung führen. Dass die Mehrheit bei einer solchen Entscheidung nicht zur Verantwortung gezogen werden kann, sehe ich bezogen auf das Funktionieren unserer Demokratie durchaus als nachteilig an.

Darüber hinaus haben sozialwissenschaftliche Untersuchungen[44] ergeben, dass sich an plebiszitären Entscheidungen und anderen Formen der Bürgerbeteiligung überproportional viele Menschen mit einem höheren Bildungsgrad und einem besseren Einkommen beteiligen. Die Ergebnisse solcher Verfahren spiegeln daher nicht unbedingt den Willen der Gesamtbevölkerung wider. Allgemeine Wahlen weisen demgegenüber eine geringere soziale Verzerrung auf. Dies ist unter dem Gesichtspunkt der Gleichheit aller Bürger sowie dem Ideal gleicher Freiheit und Würde bei

---

[44] Z. B. Schäfer: „Alles halb so schlimm? Warum sinkende Wahlbeteiligung der Demokratie schadet", Untersuchung des Max-Planck-Instituts für Gesellschaftsforschung, 2009; Anja Quast, siehe oben FN 40, S. 82; Dieter Rucht et al. „Befragung zu Stuttgart 21", Kurzbericht, Berlin 2010.

der Bewertung solcher Verfahren bedenkenswert und wertet die parlamentarische Demokratie gegenüber anderen Formen politischer Teilhabe auf[45].

Vor Wahlen gibt es immer einen umfangreichen Meinungsbildungsprozess, an dem sich alle Medien, Interessenverbände sowie alle Parteien intensiv und mit großem Aufwand beteiligen. Der Wahlkampf erreicht alle Bürger, der Abstimmungskampf dagegen nur die Antragsteller und ihre Gegner. Die Wahlbeteiligung ist daher auch erheblich höher als die Beteiligung an Plebisziten.

Schließlich: Als besonders kurios müssen die Verhältnisse in Kalifornien bezeichnet werden. Der US-Staat blickt inzwischen auf mehr als 100 Jahre direkter Demokratie zurück. Hier haben die Volksentscheide die Entscheidungen des Parlaments sogar praktisch verdrängt, weil die Bevölkerung in Volksentscheiden verfassungsrechtlich weitergehende Befugnisse hat als das Parlament. Während das Parlament beispielsweise einen ausgeglichenen Haushalt vorlegen muss und keine Schulden machen darf, gelten diese Beschränkungen für plebiszitäre Entscheidungen nicht. Mit ihnen kann durchaus etwas beschlossen werden, was zu ungedeckten Mehrausgaben führt. Solche haushaltswirksamen Plebiszite gab es daher zuhauf, was zu einer Überschuldung des Staates geführt hat. Die meisten dieser plebiszitären Verfahren werden nicht aus der Mitte des Volkes gestartet, sondern aus dem Parlament selbst heraus initiiert. Für einen Politiker ist es daher von besonderer Bedeutung, den Umgang mit diesen Instrumenten zu erlernen, um sie für die eigenen Zwecke zu nutzen. Dabei benötigt man für die Einleitung einer Initiative Unterschriften von 5 % der Wähler, die an der letzten Gouverneurswahl teilgenommen haben. Diese Stimmen werden heute in der Regel von professionellen Agenturen zum Preis von bis zu 5 US-Dollar pro Stimme eingeworben[46].

2. Andere Modelle der Bürgerbeteiligung

Neben der direkten Demokratie werden als Lösung für die Probleme, die wir in unserer Demokratie ausmachen, eine Vielzahl anderer Modelle der Bürgerbeteiligung angeboten. Die Bertelsmann-Stiftung, die derartige Projekte in besonderer

45 Voßkuhle: „Über die Demokratie in Europa", in: FAZ vom 9.2.2012 S. 7; Vogt: „Ein Klientelverein?" mehr-demokratie-magazin 2012, Heft 92, S. 12.

46 Beck „100 Jahre direkte Demokratie", in: mehr-demokratie-magazin Heft 4/2011, S. 36f.

Weise unterstützt und begleitet, hat im Jahre 2010 in einer Studie 32 verschiedene Beteiligungsverfahren erörtert, vom Bürgerforum über die Planungszelle bis zur Zukunftswerkstatt. In der Regel werden hier Bürger nach dem Zufallsprinzip oder auch als repräsentativer Querschnitt der Bevölkerung ausgewählt und zusammengerufen, um Lösungen für die verschiedensten Probleme zu erarbeiten[47].

Der Verein „Mehr Demokratie" plädiert seit einiger Zeit für die Einführung sogenannter Bürgerräte, deren Teilnehmer ausgelost werden und in denen sich die Gesamtbevölkerung widerspiegeln soll. Diese Bürgerräte sollen für die Parlamente Entscheidungsvorschläge erarbeiten und möglichst in den Entscheidungswegen der Politik institutionell verankert werden. Dadurch soll nach der Vorstellung des Bundestagspräsidenten Dr. Schäuble unter anderem Politik für mehr Bürger interessant werden und diese sollen sich auch wirklich vertreten fühlen[48].

Solche Initiativen sind sicher zu begrüßen, weil sie das Interesse der Bürger an Politik wecken und ihre politische Urteilskraft steigern können. Aber ähnlich wie die Plebiszite beziehen sie sich immer nur auf einzelne politische Probleme. Sie können eine Ergänzung sein für die Arbeit in den Parteien und Parlamenten, diese aber niemals ersetzen.

3. Demokratie ohne Parteien durch Rückbesinnung auf die Losverfahren in der Antike

Seit dem letzten Drittel des 20. Jahrhunderts wird international immer stärker diskutiert, ob nicht die Einführung des Losverfahrens als Auswahlmodus für das politische Personal ein Heilmittel für unsere kränkelnde Demokratie sein könnte. Ausgangspunkt für diese Überlegungen ist die Demokratie im klassischen Athen. Damals gab es keine politischen Parteien, die, wie bei uns heute, über die Wahlverfahren den Auswahlprozess maßgeblich bestimmen. Im klassischen Athen wurde das politische Personal weitgehend durch Auslosung bestimmt, was in Verbindung mit der jährlichen Rotation dazu führte, dass das Volk sich tatsächlich selbst regier-

---

47 „Politik beleben, Bürger beteiligen", Studie der Bertelsmann-Stiftung 2010; dazu auch Uli Hellweg „Zivilgesellschaft und indirekte Bürgerbeteiligung", in: *Direkte Demokratie in Hamburg*, Landeszentrale für politische Bildung, Hamburg 2014, S. 122ff.

48 Dazu Näheres bei www.mehr demokratie.de/Bürgerrat.

te – wenn man davon absieht, dass unter dem „Volk" nur die volljährigen, männlichen, geborenen Athener zu verstehen waren. Für die Einzelheiten verweise ich auf meine Ausführungen in der Einleitung zum 1. Abschnitt. Aus der großen Zahl der Autoren, die sich an der Diskussion über eine Einführung des Losverfahrens beteiligen, werde ich mich mit Dreien im Folgenden näher befassen.

Vor allem der belgische Politologe David van Reybrouck vertritt diese Auffassung sehr prononciert: „Wahlen sind heutzutage primitiv. Eine Demokratie, die sich darauf reduziert, ist dem Tode geweiht"[49]. In seiner historisch arbeitenden Analyse kommt er zu dem Ergebnis, dass Wahlen eigentlich nie als demokratische Instrumente gedacht gewesen seien; dies seien vielmehr die Losverfahren gewesen. Wahlen gehörten zu aristokratischen Systemen[50]. Die Wahlen seien zum Kampf der Parteien um die Wähler entartet, es herrsche ein permanentes Wahlfieber, in dem es nicht mehr um langfristige, am Gemeinwohl orientierte Ziele gehe, sondern allein um das Wohl der jeweiligen Partei und ihrer Vertreter. Bei den gewählten Vertretern sei die Gefahr von Korruption und Einfluss von Lobbyisten groß. Die Parteien führten auch die Bürger nicht mehr zusammen, sondern sie würden von diesen heute selbst auseinandergerissen[51]. Er plädiert dafür, zunächst dem gewählten Parlament eine zweite Kammer an die Seite zu stellen, die aus ausgelosten Bürgern besteht. Dadurch würden die politischen Chancen gerecht verteilt, die Möglichkeiten der Korruption sowie die Bedeutung des Parteiinteresses würden reduziert und das Gemeinwohl würde eine stärkere Berücksichtigung finden. Später soll dann die ausgeloste Kammer die gewählte ersetzen[52]. Ein solches duales System empfiehlt er für die Europäische Union[53].

Solche Überlegungen finden auch in der Bevölkerung Anklang. Der Schriftsteller Eugen Ruge hat beispielsweise in der ZEIT[54] die Parteien als Kernproblem unserer Demokratie bezeichnet, eine Erneuerung des demokratischen Systems gefordert und vorgeschlagen, das Parlament durch eine zufällige Auswahl politischer Laien

---

49 David van Reybrouck *Gegen Wahlen – Warum Abstimmen nicht demokratisch ist*, 3. Aufl., Göttingen 2017, S. 61.

50 Ders., S. 67ff., S. 86ff.

51 Ders., S. 53ff.

52 Ders., S. 156f.

53 Ders., S. 162.

54 Eugen Ruge „Wir haben ja keine Wahl" in: DIE ZEIT vom 12.9.2013 S. 48.

zu bilden. Er stellt die Frage: „Ist es uns eigentlich klar, dass [...] ein ausgewürfeltes Parlament die Zusammensetzung unseres Volkes wesentlich besser repräsentieren würde als das gegenwärtige Verfahren?" Erfreulicherweise hat die Schriftstellerin Nora Bossong hierauf sofort geantwortet und darauf hingewiesen, dass die Bürger damit ihre Entscheidungsmöglichkeiten vollkommen aufgäben und der Zufall keineswegs eine demokratische Legitimation darstelle.[55]

Der amerikanische Altphilologe und Politologe Josiah Ober entwickelt, ebenfalls anknüpfend an die Demokratie im klassischen Athen, die Theorie einer Demokratie, die frei ist von jedem ideologischen Wertsystem, sei es liberaler, religiöser, sozialistischer oder sonstiger Art. Er benennt sein Forschungsobjekt als „Kerndemokratie" und sucht auf diese Weise eine Lösung für die grundlegenden Probleme des Zusammenlebens in dem Staatengebilde einer sozial breit gefächerten Gesellschaft unserer Tage[56]. In einem Gedankenexperiment geht er davon aus, dass sich Menschen in einem Gebiet zusammentun, die jede Art von Herrschaft ablehnen, sich selbst regieren und dabei Sicherheit und Wohlstand für alle Teilnehmer garantieren wollen. Dabei gibt es 3 Grundregeln: 1. Alle müssen wie in Athen mitmachen, d. h. einen Teil ihrer Zeit und ihrer Arbeitskraft dem Gelingen des Projekts zur Verfügung stellen. 2. Alle Bürger genießen funktionale politische Gleichheit und Freiheit und haben den Anspruch gegenüber allen Beteiligten, mit Würde behandelt zu werden. 3. Das Gemeinwesen schützt nicht nur den Wohlstand und die Nicht-Tyrannei, sondern auch die Gleichheit, die Freiheit und die Würde der Bürger mit der Folge, dass bei Verstößen gegen diese Grundregeln das Bürgerrecht entzogen werden kann. Ober betont, dass eine wesentliche Voraussetzung für das Gelingen dieser „Kerndemokratie" eine intensive staatsbürgerliche Erziehung und Bildung sei, und meint, dass viele moderne Staaten wegen ihrer verkümmerten politischen Bildung für diese Demokratie nicht geeignet seien[57].

Und die politischen Parteien? Zu diesen sagt er nichts, wie er überhaupt zu den konstruktiven Verfassungselementen der „Kerndemokratie" nur Andeutungen macht und nichts Konkretes sagt, etwa dazu, wie die Willensbildung erfolgen soll, oder durch welche Organe die Bürger handeln sollen. Von „Repräsentanten" ist die Rede, die aber jederzeit wieder abgelöst und in ihrer Tätigkeit durch die Bürger

---

55 Nora Bossong „Wir haben die nWahl" in: DIE ZEIT vom 19.9.2013 S. 52.

56 Josiah Ober *Demopolis oder was ist Demokratie*?, Darmstadt 2017.

57 Ders., S. 111ff., S. 247.

ersetzt werden können[58]. Sein Verweis auf die Verhältnisse im klassischen Athen deutet aber darauf hin, dass die politischen Parteien in seinen Überlegungen keine Rolle spielen, obwohl seine Modellüberlegungen auch für moderne Massendemokratien fruchtbar sein sollen.

Mit dem „Mythos von Athen" als Begründungsmuster für den Ersatz der Wahl des politischen Personals durch das Losverfahren hat sich für mich am überzeugendsten der Greifswalder Politikwissenschaftler Hubertus Buchstein auseinandergesetzt[59]. Er untersucht sehr ausführlich die historischen und geisteswissenschaftlichen Bedingungen der Verwendung des Losverfahrens für die Auswahl des politischen Personals von der Zeit des klassischen Athens bis in unsere Tage und weist nach, dass im Gegensatz zu der Behauptung von van Reybrouck die Wahl keineswegs die Auswahlmethode der Aristokratie und das Los das Mittel der Demokratie gewesen seien. In den Revolutionen und Reformen Ende des 18. und zu Beginn des 19. Jahrhunderts wird die Bedeutung von Wahlen immer größer und das Losverfahren gerät immer mehr in Vergessenheit. Dies hat seinen Grund darin, dass die Menschen veränderte Auffassungen über die Legitimationsgrundlage politischer Ämter entwickelten. Unter dem Einfluss der Aufklärung wurden vernünftige Lösungen gefordert. Die Ämter sollten von Personen wahrgenommen werden, die aufgrund ihrer Qualität und entsprechend den jeweiligen eigenen politischen Vorstellungen am besten für diese geeignet erschienen. Diese Auswahl sollte bewusst vom Bürger getroffen und nicht dem Zufall überlassen werden[60].

Buchstein kommt in seinen Untersuchungen zu dem Ergebnis, dass das Losverfahren das Wahlverfahren nicht ersetzen kann. Ausgeloste Gremien, die von der Idee her immer auch nur für eine begrenzte Zeit bestehen, können die Aufgaben von gewählten Parlamenten nicht ersetzen. Sie können lediglich ergänzende Funktionen übernehmen wie andere Modelle der im vorherigen Kapitel behandelten Bürgerbeteiligung. Buchstein kritisiert in diesem Zusammenhang auch zu Recht, dass alle diesbezüglichen Vorschläge sehr unbestimmt bleiben bei der Frage, wie solche ausgelosten Gremien in die bestehenden, verfassungsrechtlichen Ordnungen

---

58 Ders., S. 241ff.

59 Hubertus Buchstein, *Demokratie und Lotterie*, Frankfurt am Main 2009.

60 Ders., S. 222ff.

eingebaut werden sollten[61]. Er selbst macht allerdings den konkreten Vorschlag, im Rahmen der Reform der Europäischen Union dem Parlament eine 2. Kammer aus durch das Los ermittelten Personen beizuordnen. In Anlehnung an die in den USA und anderen Ländern schon erprobten „Deliberative Opinion Polls“[62] soll eine statistisch repräsentative Auswahl von 200 Bürgern für eine Dauer von zweieinhalb Jahren die Gesetzgebung des Parlamentes mit Empfehlungen, Initiativen und auch einem Vetorecht begleiten[63].

Besonders dieser letzte Vorschlag wirft die Frage auf, ob ausgeloste Gremien tatsächlich ein Heilmittel für die Krankheitssymptome unserer Demokratie sein können. Die von v. Reybrouck zitierten[64] mündigen Bürger, „die heute an der Seitenlinie stehen und schreien“, werden mit ihrem Geschrei nicht verstummen, wenn von den 82 Millionen Deutschen oder gar von den 446 Millionen Einwohnern der Europäischen Union 200 durch das Los ausgewählt werden, um das Parlament „bürgernah“ zu machen. Die mündigen und selbstbewussten Bürger heute wollen doch selber mitreden und mitentscheiden. Die Chance, selbst für ein solches Gremium ausgelost zu werden, ist minimal und kann daher dieser Vorstellung nicht entsprechen.

Bei dem heute herrschenden Misstrauen gegenüber allem, was von „denen da oben“ kommt, wäre es sicher auch äußerst schwierig, ein Losverfahren zu entwickeln, das tatsächlich und unbestreitbar ein statistisch repräsentatives Abbild der Bevölkerung ergibt. Wenn das jedoch nicht gelingt, wird es sicher keine Abhilfe für die Politikverdrossenheit leisten.

Es bleibt nachzutragen, dass auch „ausgewürfelte Parlamentarier“ Mehrheiten bilden müssen, dass sie Einflüssen ausgesetzt sind, Einflüssen ihrer Berater, der Bürokratie, der Lobbyisten, der Medien, neuerdings auch der neuen Medien und auch den Einflüssen aus dem Ausland.

Das Würfeln ist schließlich auch keine Garantie dafür, dass keine Menschen in das Parlament kommen, die für diesen Beruf aus persönlichen und fachlichen Gründen völlig ungeeignet sind. Athen ist eben kein geeignetes Pilotprojekt für die Massendemokratien unserer Tage. Bürger waren damals eine Gruppe von 10 % der Einwohner, privilegiert, für die damaligen Verhältnisse von Kindesbeinen an poli-

---

61 Ders., S. 423.

62 Ders., S. 378ff.

63 Ders., S. 437ff.

64 v. Reybrouck, siehe oben FN 49, S. 155.

tisch gebildet und durch Erfahrung bestens vertraut mit den Problemen der Stadt. Wer heute ausgelost wird, ist in den meisten Fällen ohne jede Vorbildung für diesen Aufgabe und muss sehr viel Zeit und Mühe aufwenden, um sich in die maßgeblichen Materien einzuarbeiten – wahrscheinlich fast die gesamten zweieinhalb Jahre, für die er durch das Los bestellt werden soll. Er dürfte und könnte sich dabei noch nicht einmal auf Parteifreunde oder Fraktionskollegen verlassen.

4. Parteiendemokratie – eine Entartung

In der Tradition der vorherrschenden Meinung in den Staatswissenschaften des Kaiserreichs und der Weimarer Republik vertritt der Staatsrechtler Karl Albrecht Schachtschneider[65] auch heute noch den Standpunkt, dass die Auffassung, die Demokratie benötige unverzichtbar politische Parteien, eine reine Ideologie sei, ohne Wahrheits- und Richtigkeitsgehalt. Er muss zwar einräumen, dass für den öffentlichen Diskurs über das Wahre und Richtige „argumentierende Gruppen" unentbehrlich seien, und hält daher in diesem Umfang auch politische Parteien für zulässig. Sie müssen aber seiner Meinung nach durch Gesetze auf diesen öffentlichen und offenen Diskurs beschränkt werden. Wenn sie sich um besondere Interessen kümmern und nicht dem Gemeinwohl dienen – was immer darunter zu verstehen ist –, sollen sie als kriminelle Vereinigungen bestraft werden.[66] Die Wirklichkeit der Parteiendemokratie hält er für ein „schmutziges Geschäft". Fast alle Parteien in Europa hätten einen „republikwidrigen, tendenziell stalinistischen Charakter"[67].

Zentraler Begriff für Schachtschneider ist die Republik als eine Form der Demokratie, welche die Gleichheit und Freiheit aller durch Gesetze verwirklicht.[68] Statt Mehrheitsentscheidungen solle es im Parlament nach einer freien, ungebundenen politischen Diskussion eine Verständigung auf das geben, „was für das gute Leben aller in allgemeiner Freiheit richtig ist". Dabei folge aus dem Sittengesetz die bürger-

---

[65] Karl Albrecht Schachtschneider, *Res publica, res populi, Grundlegung einer allgemeinen Republiklehre*, Berlin 1994.

[66] Ders., S. 1159ff.

[67] Ders., S. 1061.

[68] Ders., S. 62.

liche Pflicht zur praktischen Vernunft.[69] Ein diskursives Parlament ohne Fraktionen bedarf nach Schachtschneider auch keiner Opposition, weil alle Abgeordneten frei, ungebunden und kritisch um die bestmögliche Erkenntnis des Richtigen bemüht seien.[70] Wie diese Abgeordneten gefunden werden und wer sie aufstellt, wird nicht näher erörtert. Es sollen gewissermaßen „bürgerliche Aristokraten“ mit einer „materiellen Kompetenz“ sein, also der Befähigung, auf der Grundlage der Wahrheit das Richtige für das gute Leben aller in allgemeiner Freiheit zu verwirklichen.[71]

Das alles geht weit an den Realitäten vorbei. Schachtschneider drückt sich auch um die Erklärung herum, wie seine Vorstellungen praktisch umgesetzt werden könnten: Wer soll die „Amtskompetenz“ der Abgeordneten definieren? In welchem Verfahren soll diese festgestellt werden? In welchem Verhältnis stehen die „bürgerlichen Aristokraten“ zu den allein auf den gesellschaftlichen Diskurs beschränkten Parteien? Dass er zudem in seiner polemischen Einstellung gegenüber den politischen Parteien die Realitäten dort ebenso völlig ausblendet wie die Tatsache, dass jeder Bürger sich in den Parteien engagieren und am Willensbildungsprozess dort beteiligen kann, soll hier nur der Vollständigkeit halber erwähnt werden.

Gleichwohl ist nicht zu übersehen, dass viele Bürger, die sich für politisch gebildet halten, auch heute noch solchen und ähnlichen Ideen anhängen. Ich erwähne in diesem Zusammenhang die von Joseph Beuys gegründete „Organisation für direkte Demokratie durch Volksabstimmung“, auf die ich im 3.Abschnitt unter II. 1. noch zurückkommen werde.

---

69 Ders., S. 63, 265, 667.

70 Ders., S. 804.

71 Ders. S. 675, 705ff., 1052.

2. Abschnitt: Demokraten engagieren sich in politischen Parteien

Nach Betrachtung all dessen lautet meine These: Weil die Demokratie nur mithilfe von Parteien funktionieren kann, sollte ein Demokrat grundsätzlich in einer Partei mitarbeiten. Dies ist der Königsweg, Plebiszite und sonstige Formen der Bürgerbeteiligung sind demgegenüber allenfalls Zubringerstraßen, bisweilen allerdings auch Irrwege. Durch eine verstärkte Mitarbeit der Bürger in den Parteien könnten viele Defizite unseres demokratischen Systems heute abgebaut und die unfruchtbaren Vorurteile gegenüber den für uns aktiv politikbetreibenden Menschen jedenfalls auf ein normales Maß reduziert werden.

Ich widerspreche mit großer Entschiedenheit allen, die immer wieder behaupten, die Bürger hätten in unserer Demokratie nur die Möglichkeit, alle 4 Jahre bei der Wahl ihre Stimme abzugeben; ansonsten blieben ihnen nur Petitionen, Demonstrationen, Bürgerinitiativen und ähnliches, um an der politischen Willensbildung teilzunehmen. Wer so argumentiert, hat leider immer noch nicht begriffen, dass wir in einer Parteiendemokratie leben und dass die Mitarbeit in den Parteien heute den Demokraten ausmacht. Es ist erstaunlich, dass von den Vielen, die sich mit den Defiziten unseres demokratischen Systems beschäftigen, nur sehr Wenige es als Heilmittel empfehlen, stärker in den politischen Parteien mitzuarbeiten.

Warum diese Mitarbeit heute die eigentliche Aufgabe eines Demokraten ist, soll im Einzelnen an drei Thesen weiter vertieft werden: In den Parteien werden die grundlegenden politischen Richtungsentscheidungen vorbereitet und getroffen (I.), in den Parteien wird das politische Personal ausgewählt (II.) und die Partei ist auch eine Schule für Demokraten (III.).

I. In den Parteien werden die grundlegenden politischen Richtungsentscheidungen vorbereitet und getroffen

Die Parteien betreiben mit ihrer Arbeit demokratische Willensbildung im Volk. In ihnen können die Bürger als Parteimitglieder Einfluss nehmen, und zwar nicht nur auf die Lösung einzelner politischer Probleme, sondern auch auf die grundlegende politische Richtung. Denn die Arbeit der Parteien ist vom Grundsatz her allumfassend. In den verschiedenen Gremien der Parteien werden die politischen Lösungsmöglichkeiten diskutiert und Richtungsentscheidungen getroffen. Das geht nicht immer ausschließlich von unten nach oben. In der Regel werden die Probleme an die Parteiführung herangetragen, ihnen häufig auch aufgezwungen, und die Öffentlichkeit erwartet meist auch eine sofortige Antwort. Oft ist es eine Frage der Zeit und des Personals, was untere Parteigremien an sachlichen Anregungen für grundlegende Richtungsentscheidungen erarbeiten können. Aber Parteitage und auch andere Parteigremien müssen eben doch überzeugt werden.

Ein Parteiführer kann zwar, wie weiland Gerhard Schröder mit der Agenda 2010, der Partei vorübergehend eine neue Richtung geben und Grundsatzfragen anders beantworten, als die Partei es bis dahin getan hat. Wozu das aber führt, hat sich dann anschließend gezeigt. Schröder sah sich durch die eigene Partei dazu gezwungen, die Vertrauensfrage zu stellen mit dem Ziel, eine Neuwahl durchzuführen. Die Wahl ging verloren und es bildete sich mit der LINKEN eine neue Partei als Konkurrenz. Letztlich hat die SPD sich bis heute von dieser von oben verordneten Kehrtwendung nicht erholt.

Auch Angela Merkel stand im Jahre 2011 unter dem Zwang, für ihre wichtigen Entscheidungen vor allem in Sachen Abschaffung der Wehrpflicht und Energiewende ihre Partei mitzunehmen und zu gewinnen. Auf den Parteitagen im November 2011 und Dezember 2012 scheint ihr das gelungen zu sein.

Wie sehr es auf die Parteimitgliedschaft ankommt, zeigt die in den letzten Jahren immer häufiger gewordene Verwendung direktdemokratischer Instrumente innerhalb der Parteien, also Urwahlen und Mitgliederentscheide. Besonders bei den Mitgliederentscheiden in der SPD über die Bildung einer „großen" Koalition mit der CDU/CSU in den Jahren 2013 und 2018 hat dieses Verfahren den Unmut mancher Bürger, die keine Parteimitglieder sind, auf sich gezogen. Einige haben sogar das Bundesverfassungsgericht angerufen, um mithilfe einer Eilentscheidung des Gerichts dieses Verfahren zu stoppen. Das Gericht hat dies jedoch mit seiner Entscheidung vom 6. Dezember 2013[72] abgelehnt. Zur Begründung hat es darauf hingewiesen, dass es sich hier um eine parteiinterne Willensbildung gehandelt habe, die von den Abgeordneten des Bundestages umgesetzt werden müsse; dabei seien die Abgeordneten an Aufträge und Weisungen nicht gebunden, sondern nur ihrem Gewissen verpflichtet, ihre Einbindung in die Partei sei „verfassungsrechtlich erlaubt und gewollt". Weiter heißt es in der Presseerklärung noch einmal mit aller Deutlichkeit für alle, die dies nicht wahrhaben wollen:

> „Das Grundgesetz weist den Parteien eine besondere Rolle im Prozess der politischen Willensbildung zu (Art. 21 Abs. 1 GG), weil ohne die Formung des politischen Prozesses durch geeignete freie Organisationen eine stabile Demokratie in großen Gemeinschaften nicht gelingen kann."

Es ist davon auszugehen, dass die meisten Einzelprobleme, über die sich Bürger aufregen, schon lange vorher in den Parteien diskutiert worden sind und dass hier Meinungen gebildet und Lösungsmöglichkeiten erörtert wurden. Denn häufig werden die Bürger ja erst aktiv, wenn die Bagger anrücken oder die ersten Bäume gefällt werden, weil sie erst an diesen tatsächlichen Vorgängen erkennen, was die zuständigen parlamentarischen Gremien lange vorher diskutiert und beschlossen haben.

Das gilt vor allem und immer wieder für die Probleme vor Ort, die später zu Konflikten führen. Hier hatte das Parteimitglied meist schon zu einem sehr frühen Zeitpunkt die Möglichkeit, sich zu informieren, zu Wort zu melden und Einfluss zu nehmen. Wenn es dann außerhalb der Parteien zur großen öffentlichen Aufwallung kommt, wird in den Parteien erneut darüber diskutiert und die eigene Position überprüft. Aus diesem Grunde haben die Parteien bei derartigen Streitigkeiten meist eine feste Argumentationslinie. Sie haben die in der Öffentlichkeit plötzlich als neu aufgeworfenen Fragen schon vorher mehrfach erörtert und beantwortet. Das macht es ihnen schwer, von dieser eigenen Linie wieder abzurücken. In der nachfolgenden öffentlichen Auseinandersetzung wird ihnen diese „Betonhaltung" dann häufig zum Vorwurf gemacht.

---

72 Entscheidung des Bundesverfassungsgerichts vom 6.12.2013, 2 BvQ 55/13, zitiert nach der Presseerklärung des Gerichts.

Innerparteiliche Diskussionen sind Teil der Meinungs- und Willensbildung des Volkes. Je mehr Bürger in den Parteien als solche mitarbeiten, desto besser ist das für diesen Prozess, weil nur so die tatsächlichen Meinungen in der Bevölkerung wahrgenommen werden können. Dabei kommt es darauf an, dass vor allem solche Menschen mitarbeiten, die dies aus einem demokratischen Impetus heraus tun, weil sie eben als Demokraten ihre Vorstellungen und Meinungen einbringen wollen, nicht weil sie beschlossen haben, Politiker zu werden. Nur wenn das geschieht, kann es gelingen, dass der Graben zwischen den Bürgern und „der Politik" zugeschüttet wird. Nur auf diese Weise kann auch die bisweilen lähmende und zu bedeutsame Macht der Parteibürokratie eingehegt werden.

Wenn möglichst viele Bürger mitarbeiten, kann es auch gelingen, dass Parteien überholte programmatische Festlegungen ändern, modernisieren und dass die berüchtigten Erbhöfe einzelner Amtsträger abgebaut werden. Denn all das und vieles mehr, was zu den üblichen Vorurteilen gegenüber den Parteien gehört, könnte geändert, verbessert werden, wenn mehr aufgeschlossene, fantasievolle und geistig bewegliche Menschen in den Parteien mitarbeiteten – und zwar nur als Demokraten und ohne den Wunsch, über die Partei Karriere zu machen oder irgendwelche Vorteile zu erlangen.

Parteifreunde sollen nach einem Bonmot bisweilen in Wahrheit die ärgsten Feinde sein. Aber nicht immer ist das so und daher ergibt sich auch die Möglichkeit für das „einfache" Parteimitglied oder für Parteigliederungen, durch den persönlichen Kontakt zu „ihren" Amtsträgern auf informellem Wege Informationen auszutauschen. Diese Amtsträger nehmen an Parteiveranstaltungen teil und sind für ihre Wiederwahl auf die Basis angewiesen, vor allem wenn es denn eine solche lebhafte Basis gibt. Dort werden die aktuellen Probleme erörtert, unterschiedliche Lösungsansätze diskutiert und Beschlüsse gefasst. Auf diese Weise kann Einfluss auf Entscheidungen im staatlichen Bereich genommen werden. Auch dies ist politische Meinungs- und Willensbildung und Regierung durch das Volk, selbst wenn die Partei nicht an der Regierung ist. Denn der politische Prozess ist nun einmal sehr breit gefächert und umfasst auch die Parteien in der Opposition. Wer heute kein Regierungsamt im eigentlichen Sinne hat, kann schließlich in einer Demokratie morgen das Sagen haben.

Fazit: Würde der „Wutbürger" nicht nur zu punktuellen Aufwallungen neigen, sondern sich kontinuierlich als Demokrat betätigen, nämlich durch Mitarbeit in einer politischen Partei, könnte er mitreden und mitentscheiden, was doch sein eigentlicher Wunsch als mündiger Bürger ist, und er könnte damit auch seine Frustrationen abbauen.

II. In den Parteien wird das politische Personal ausgewählt

Ein zweiter und viel zu wenig diskutierter Vorteil der Mitarbeit in einer Partei ist, dass man nur dort an der Auswahl des politischen Personals teilnehmen kann. Auch diese Auswahl ist demokratische Willensbildung des Volkes. Die Kandidaten müssen zwar von der Bevölkerung gewählt werden, die Bevölkerung kann aber nur diejenigen wählen, die vorher von den Parteien aufgestellt wurden – wenn man einmal von Wählergemeinschaften absieht, die allerdings in dieser Hinsicht meist wie Parteien agieren.

Es ist zwar nach allen Wahlgesetzen möglich, dass sich auch Einzelbewerber zur Wahl stellen, ohne Mitglied einer politischen Partei zu sein oder von einer solchen aufgestellt zu werden. Erforderlich hierfür ist lediglich eine in den Wahlgesetzen bestimmte Anzahl von Personen, die diese Kandidatur unterstützt. In der Realität kommt dies, jedenfalls auf Bundes- und Länderebene, so selten vor, dass es hier vernachlässigt werden kann.

An der Bedeutung der Parteien für die Aufstellung der Kandidaten ändern auch solche Modifikationen des Wahlrechts nichts, wie sie etwa jüngst in Hamburg Gesetz geworden sind: die Einführung von Mehrstimmenwahlkreisen und die Zulässigkeit des Kumulierens und des Panaschierens. Die Bürger gewinnen zwar mehr Einfluss, indem sie unter mehreren Kandidaten einer Partei auswählen und damit die Reihenfolge der Kandidatenaufstellung der Parteien verändern können. Ob jedoch jemand überhaupt aufgestellt und welcher Listenplatz ihm zunächst zugewiesen wird, bestimmen nach wie vor allein die politischen Parteien : Dies ist ohne Zweifel ein sehr wichtiges demokratisches Recht, das man nur als Mitglied einer Partei wahrnehmen kann.

Auch als Kandidaten kommen in der Regel nur Parteimitglieder in Betracht, üblicherweise solche, die sich in der Partei bewährt und dort meist eine höhere Funktionsebene erreicht haben. Nur in Ausnahmefällen werden Personen vorgeschlagen, die nicht der Partei angehören. Dem stehen im Regelfall die Parteiorganisation und die Mitglieder entgegen, die mit einem gewissen Recht verlangen, dass sich der Kandidat nicht nur außerhalb der Partei, sondern auch innerparteilich bewährt haben muss. Der spätere Funktionsträger soll ja nach der Wahl im Amt die Linie der Partei vertreten. Aber auch in den seltenen Fällen parteifremder Bewerber muss der Kandidat wie alle anderen das innerparteiliche Kandidaturverfahren durchlaufen und von den Parteimitgliedern direkt oder durch Delegiertenversammlungen gewählt werden. Dieses Verfahren wird von den Wahlgesetzen vorgeschrieben.

Deshalb ist es für die Auswahl der Kandidaten wichtig, dass die Partei über ein möglichst großes Personaltableau verfügt. Um qualifizierte Kandidaten aufstellen zu können, muss man über Mitglieder mit entsprechenden Qualifikationen verfügen. Dabei geht es nicht nur um die fachliche Kompetenz und die persönliche Integrität. Der Kandidat muss nicht nur in der Partei, sondern auch von den Wählern akzeptiert werden, muss sein Wort machen können, über ein gewisses Charisma verfügen und möglichst auch über Sachkenntnisse für das Amt, für das er kandidiert. Er soll bekannt und allgemein anerkannt sein, sich vielleicht schon an geeigneter Stelle bewährt haben. Anders als in den USA muss er allerdings bei uns nicht über besondere finanzielle Ressourcen verfügen.

Ebenso wichtig ist für die innerparteiliche Wahl der Kandidaten auch die Zusammensetzung des Auswahlgremiums. Entscheidend ist, dass hier möglichst viele unabhängige Mitglieder vorhanden sind, die ihre Wahl nach den eben genannten Kriterien treffen und nicht nach der Zugehörigkeit zu irgendwelchen innerparteilichen Fraktionierungen, Gefolgschaften oder gar persönlichen Abhängigkeiten. Die innerparteilichen Wahlen sind damit gerade die Aufgabe auch der Parteimitglieder, die nicht eingebunden sind in solche Fraktionierungen und Gefolgschaften und die der täglichen Kleinarbeit in der Partei eher fernstehen. Beteiligen sich von ihnen möglichst viele, so ist zu erhoffen, dass Kandidaten gewählt werden, die für ihr Amt optimal geeignet sind. Aus diesen Gründen befürworte ich sehr die Urwahl der Kandidaten durch die Parteimitglieder.

Dies alles bewegt sich, um es nochmals und unter Bezugnahme auf das letzte Zitat des Bundesverfassungsgerichts sehr klar zu sagen, innerhalb der Verfassungsordnung des Grundgesetzes. Es handelt sich hier nicht um eine Fehlentwicklung oder gar um eine Entartung.

Wer daher die mangelnden Fähigkeiten unserer Politiker beklagt und ihre Selbstsucht, ihren Egoismus, ihre mangelnde Kommunikationsbereitschaft anprangert, müsste bei der Auswahl ansetzen – und zwar sowohl bei der Auswahl derer, die sich zur Wahl stellen, als auch derer, die diese Wahl treffen. Er müsste dafür eintreten, dass die Parteien über möglichst viele Mitglieder verfügen. Denn nur aus diesem Reservoir kann einerseits eine möglichst große Anzahl qualifizierter Kandidaten gewonnen werden. Andererseits müssen aber auch möglichst viele Mitglieder vorhanden sein, die bereit und in der Lage sind, die Kandidaten nach ihrer Qualität und nicht nach ihrer Zugehörigkeit zu bestimmten Seilschaften auszuwählen oder möglicherweise auch in der Hoffnung, der Kandidat werde sich seinen parteiinternen Wählern sonst in irgendeiner Weise erkenntlich zeigen.

Die gegenwärtige internationale politische Situation, vor allem die Gremienarbeit in der EU, aber auch auf den vielfältigen internationalen Konferenzen, verstärkt nachgerade zwangsläufig die oligarchischen Tendenzen, bei denen die in der Politik handelnden Personen immer mehr an Macht und Bedeutung gewinnen. Deshalb wird auch die Auswahl des handelnden Personals immer wichtiger.

Es gibt zurzeit eine Anhäufung von Problemen, von denen jedes einzelne für sich schon gewaltige politische Anstrengungen und die Klugheit sowie den Sachverstand vieler erfordert, um Lösungen zu finden. Vielfach sind diese Probleme nur noch international zu lösen: Klimakrise, Pandemien, Verschuldungskrise, Versagen der Banken, problematische demographische Veränderungen, Globalisierung, Energiekrise, Konfrontation von Kulturen und Religionen mit gewalttätigen Auseinandersetzungen. In der EU muss Deutschland Lösungen mit 26 Partnern abstimmen, auf internationaler Ebene ist die Zahl noch sehr viel größer. Verfassungsrechtliche Regeln müssen eingehalten werden. Die Öffentlichkeit in Form der überall präsenten Medien verlangt nach möglichst schnellen Lösungen möglichst aller Probleme, die selbstredend vorher öffentlich diskutiert werden müssen und denen alle zustimmen sollen. Politischer und zeitlicher Druck wird erzeugt, was die Verhandlungen erschwert. Ein mühsam in der EU unter 27 Partnern ausgehandelter Kompromiss, bei dem viele in den unterschiedlichsten Bereichen Federn lassen mussten, kann dann in den einzelnen Partnerländern nicht mehr neu und von Anfang an erörtert und in seinen Einzelheiten infrage gestellt werden, weil sonst alles wieder von vorn beginnen würde. Will man das nicht, gibt es nur noch ein Ja oder ein Nein.

Dies führt immer häufiger zu Ausnahmezuständen, in denen die Führungspersonen das Sagen haben und in denen die Verhandlungsergebnisse zwar nicht theoretisch, aber doch jedenfalls praktisch alternativlos sind. Man mag dies beklagen, aber zu ändern ist daran nichts, sofern man nicht grundsätzlich die Internationalisierung und die Globalisierung ablehnt und sich auf die Insel der Seligen zurückziehen will.

Umso wichtiger ist die Auswahl derer, die in den verantwortlichen Positionen politisch handeln und entscheiden müssen. Dies ist heute sicher mehr so als in früheren Zeiten. Die meisten der benannten Probleme machen eben nicht an den Grenzen der Nationalstaaten Halt. Deshalb erfordert gerade diese Tendenz zur Oligarchie eine Optimierung der Auswahl der „Oligarchen".

Es ist ein Vorzug unseres Systems, dass sich bei uns jeder für ein politisches Amt bewerben kann, auch wenn er nicht über besondere wirtschaftliche Ressourcen verfügt. Auch eine Pfarrerstochter aus Ostdeutschland kann Bundeskanzlerin werden. Allein Wahlen, parteiinterne und öffentliche, reichen dafür aus. Umfangreiche Finanzmittel für aufwendige Wahlkampfveranstaltungen müssen Bewerber nicht mitbringen.

III. Die Partei als Schule für Demokraten[73]

Es spricht weiter vieles dafür, dass man die politischen Verhältnisse und Entwicklungen, das politische „Geschäft", dann mehr als andere realistisch beurteilen kann, wenn man einmal längere Zeit aktiv in einer politischen Partei mitgearbeitet hat. Man gewinnt einen Einblick in die Mechanismen, Verfahrensweisen, Probleme und Zwänge, die in allen Parteien ähnlich sind. Man lernt aktive Politiker kennen und beurteilt sie häufig nach anderen Kriterien, als dies in der Öffentlichkeit gemeinhin der Fall ist.

Man lernt bei der Mitarbeit in einer politischen Partei etwas, was zum Grundwissen eines Demokraten gehören sollte, was aber vor allem dem individualistischen Lebensgefühl der Zeitgenossen widerspricht: dass es nämlich bei den Entscheidungen nicht immer nur auf die eigene Meinung, die eigene Sicht der Dinge ankommt, sondern vor allem auch auf das, was die anderen denken und meinen. Kardinal Reinhard Marx hat einmal den „Ungeist der Rechthaberei" gegeißelt[74] – dies gilt nicht nur für die Synoden im Vatikan, sondern auch für jede Auseinandersetzung in der Demokratie. Der Einzelne kann und soll zwar für seine Auffassung streiten, aber er muss auch auf den Anderen hören und seine Argumente erwägen, muss

[73] Dazu Herfried Münkler: „Verkleinern und Entschleunigen oder die Partizipationsformen neu arrangieren?" in: *Zukunft der Demokratie*, München 2018, S. 84ff., hier S. 112ff.

[74] In DIE ZEIT Nr. 44 vom 23.10.2014, S. 63.

sich selbst zurücknehmen können, muss bereit sein, Kompromisse zu schließen und notfalls auch Niederlagen einzustecken, ohne dass er sofort alles hinwirft und die weitere Mitarbeit verweigert.

Das Parteimitglied lernt, dass das Alles-oder-Nichts-Prinzip in der demokratischen Auseinandersetzung im Normalfall nicht gilt, dass man sich vielmehr „zusammenraufen" muss, dass Politik im Regelfall ein Geschäft ist, bei dem man das Eine nur erreichen kann, wenn man das Andere fallen lässt. In der Öffentlichkeit beklagen sich dann viele über „faule Kompromisse", zeigen damit aber nur, dass sie eben wenig vom politischen Geschäft verstehen oder bisweilen auch bewusst und absichtlich das Geschäft nicht verstehen wollen, um auf diese Weise selber Politik zu betreiben – nach dem Motto: Wir hätten das sehr viel besser gemacht.

Koalitionsvereinbarungen nach Wahlen führen zwangsläufig dazu, dass die Partner Teile ihrer Wahlaussagen nicht umsetzen können. Also müssen sie wenigstens für die Zeit, die die Koalition dauert, zurückgestellt werden. Was wäre sonst die Alternative von schwierigen und nicht eindeutigen Wahlergebnissen? Eine Neuwahl wird aus den unterschiedlichsten Gründen in der Regel zu Recht abgelehnt.

Nicht nur für die Auseinandersetzungen in der eigenen Partei, sondern auch für den Streit mit anderen Parteien und für das Gespräch mit der Bevölkerung gilt, dass die Demokratie davon lebt, dass alle Bürger einander die Fähigkeit zugestehen, zu beurteilen, was für das Gemeinwohl richtig ist. Dass Ergebnis dieser Beurteilungen fällt im Regelfall sehr unterschiedlich aus. Über den Inhalt muss gestritten werden. Dieser Streit ist die Essenz der Demokratie. Ihr zufolge sind die anderen Parteien politische Gegner, nicht Feinde, die ins Gefängnis gehörten, wie es im Wahlkampf von Donald Trump zu hören war. Wer so argumentiert, bedient sich der Methoden, welche die Feinde der Demokratie verwenden, und hat damit im Grunde genommen schon den Boden der Demokratie verlassen. Er kennt nur seine eigene Beurteilung und hält alles andere für Verräterei. Der demokratische Dialog dagegen setzt grundsätzlich voraus, dass die Anderen zumindest in Teilen auch Recht haben könnten. Der Gesprächsfaden zu dem Anderen darf deshalb nicht abreißen. Man weiß ja auch in einer Demokratie nie, ob man diesen Anderen nicht irgendwann einmal benötigt oder gar auf ihn angewiesen ist, um z. B. gemeinsame Anliegen durchzusetzen. Um die politischen Positionen und die unterschiedlichen Zukunftsbilder muss hart gestritten werden, aber ohne persönliche Diffamierung. Das sollte selbst dann gelten, wenn die Gegenseite grundlegende Werte infrage stellt. Auch dann hilft es nicht weiter, wenn man mit Zerrbildern wie mit Keulen aufeinander einschlägt. Dadurch werden nur neue Gräben geschaffen oder schon vorhandene vertieft.

Man kann in den Parteien üben, öffentlich sein Wort zu machen. Mut und Zivilcourage sind gefragt, um in einer großen Versammlung zu sagen, wenn der Kaiser keine Kleider anhat. Die zunächst dadurch berühmt gewordene Landrätin Gabriele Pauli hatte den Mut, 2006 den Rücktritt von Edmund Stoiber als bayrischer Ministerpräsident öffentlich zu fordern, während alle anderen sich wegduckten und nicht wagten, das, was sie selber auch meinten, wie Frau Pauli laut zu sagen. Natürlich kann man dies alles auch woanders einüben. Aber eine demokratische Partei ist nun einmal dafür prädestiniert, weil sie von der internen Auseinandersetzung lebt. Dass allerdings sämtliche Parteien ihre Streitkultur verbessern müssten, um für neue Mitglieder attraktiv zu sein und diese nicht von vornherein zu verschrecken, soll in diesem Zusammenhang angemerkt werden.

In Parteien kann man die Erfahrung machen, dass man auch als „kleines Rädchen" etwas bewirken kann, wenn man sich nämlich mit anderen zusammentut und jeder seine spezifischen Begabungen einbringt. Der Eine kann gut reden, andere überzeugen und mitreißen. Die Andere kann scharf analysieren, rechnen, verfügt über große Sachkenntnis. Wieder andere sind kreativ, können Konzepte formulieren, kennen die Wege und Verfahrensordnungen. Manch einer verfügt über einen großen Bekanntenkreis, ist ein Netzwerker, hat Kontakte zu den Medien, zu Leuten mit den notwendigen materiellen Mitteln. Wenn sich diese alle zusammenfinden, kann man gemeinsam auch innerhalb der Parteien etwas bewegen.

Man erfährt durch die Parteiarbeit, dass politische Entscheidungen häufig auf unsicherem Grund basieren, weil Politik Gestaltung der Zukunft ist. Trotz aller Prognosen und Vorausberechnungen wissen wir nicht wirklich und zuverlässig, was die Zukunft bringen wird. Es lässt sich nur selten wissenschaftlich-objektiv klären, was richtig ist. Vieles wird auch von der Wissenschaft unterschiedlich beurteilt. Häufig kann zudem die wissenschaftliche Aussage allein nicht ausschlaggebend sein. Berücksichtigt werden muss zusätzlich etwa, welche Folgen sich für den Arbeitsmarkt oder für die Wirtschaft ergeben, wer in welcher Weise für die Nachteile und Belastungen aufkommen soll, usw. Trotzdem müssen die maßgeblichen Politiker sich oft hier und heute entscheiden. Dabei orientieren sie sich an dem, was sie zum Zeitpunkt der Entscheidung in der Zusammenschau der Probleme als richtig ansehen – gegen den Widerstand der Opposition und der

Vielen, die mit ihren Prognosen, Untersuchungen und Überlegungen zu anderen Ergebnissen gekommen sind.

Naturkatastrophen, neue soziale, wirtschaftliche und wissenschaftliche Entwicklungen und Erkenntnisse, Personen, die plötzlich im Licht der Öffentlichkeit auftauchen und an Bedeutung gewinnen, in der EU die Meinungen der anderen Mitgliedsländer und vieles andere mehr können später den bisherigen Entscheidungen den Boden entziehen. Diese müssen dann nachgebessert oder auch völlig neu bedacht und getroffen werden. All dies liegt im Wesen der politischen Tätigkeit und darf den handelnden Personen nicht als „Wankelmütigkeit" oder „Unfähigkeit" angelastet oder schlimmer noch als Lüge oder Wahlbetrug bezeichnet werden.

Ein gutes Beispiel hierfür sind die gegenwärtigen Bemühungen, die unterschiedlichen Krisen zu bewältigen: Klimakrise, Corona, Flüchtlingskrise und die damit verbundenen zahlreichen Probleme im In- und Ausland, um nur die wichtigsten zu nennen. Es gibt immer viele, die meinen, sie wüssten genau, was zu tun sei, bis hin zu denen, welche offen Verschwörungstheorien verbreiten. Was wirklich der richtige Weg ist, bzw. gewesen wäre, lässt sich erst im Nachhinein durch Historiker ermitteln – und auch diese kommen häufig zu unterschiedlichen Ergebnissen.

In der globalisierten Welt kommen völlig neue Interessenlagen, Sichtweisen und andere Diskussionsteilnehmer hinzu, die den Entscheidungsprozess weiter verkomplizieren und erschweren. Als Beispiel hierfür kann man die Umweltkonferenzen der UNO anführen. Es wäre ein politisches Wunder, wenn die verhandelnden Politiker hier rasch zu substanziellen Ergebnissen kämen. Zu unterschiedlich sind die Interessenlagen, Sichtweisen und auch die jeweiligen innenpolitischen Zwänge der Beteiligten.

Bei vielen, die ihre Frustrationen, ihre Verdrossenheit über die Politik zum Ausdruck bringen, hat man den Eindruck, dass sie die vorstehenden Erkenntnisse aus der politischen Grundschule nicht verinnerlicht haben. Sie beklagen die mangelnde Transparenz politischer Entscheidungsprozesse. Sie erklären, sie würden sich ja stärker politisch engagieren, wenn sie die Dinge auch wirklich mitentscheiden könnten. Leider werden sie in diesem unrealistischen Verständnis von Politik in einer Demokratie häufig durch Äußerungen prominenter Politiker bestärkt.

So hat der ehemalige Bundespräsident Wulff etwa öffentlich kritisiert[75], dass zu vieles in kleinen Entscheidungsrunden vorab geklärt und geregelt würde, was dann von den Abgeordneten nur noch abgesegnet werden könne. Dies führe zu einer

[75] In: DIE ZEIT vom 30.6.2011, S. 5.

Aushöhlung des Parlamentarismus; die Grundlage für das Vertrauen, nämlich Transparenz und Teilhabe der Bürger und ihrer Abgeordneten, schwinde.

Mit Verlaub: Der Herr Bundespräsident, der ja auch einmal Ministerpräsident eines Landes war, hätte es eigentlich besser wissen und dann auch dem Publikum erklären müssen, um dabei zu helfen, diese grundlegenden Fehlvorstellungen in der Bevölkerung abzubauen. In unserem Medienzeitalter ist es nun einmal so, dass vor allem neue Vorschläge in kleinen Runden und möglichst auch vertraulich vorbesprochen werden müssen, um abzuklären, ob überhaupt Mehrheiten für ein Projekt gefunden werden können und gegebenenfalls mit welchen Modalitäten. Auch bei Streitigkeiten zwischen den Parteien lassen sich Kompromisse häufig nur hinter verschlossenen Türen erarbeiten.

Fände eine solche Diskussion neuer und möglicherweise umstrittener Vorhaben von vornherein auf dem Markt statt, würde das kleine Pflänzchen durch den sofort einsetzenden Hagel aus Gegenargumenten vernichtet werden, die nicht nur von der Opposition und von den Vertretern gegenteiliger Interessen kommen, sondern häufig auch von Gruppierungen der eigenen Partei. Gründe gegen ein Projekt gibt es immer leichter als Argumente dafür. Hier können sich gegensätzliche politische Lager in der Ablehnung bisweilen auch aus gegensätzlichen Gründen zusammenfinden, nur um dem politischen Gegner zu schaden, indem man sein Projekt zu Fall bringt. Die Medien greifen einen solchen Vernichtungsprozess gerne auf, weil sie meinen, dass besonders die streitige Auseinandersetzung das Publikum interessiert.

Jede neue Idee, jede Vision wird in der Öffentlichkeit sofort von den politischen Gegnern und den Medien gnadenlos auseinandergenommen und zerredet. Dieser Vorgang wird stark intensiviert, wenn heute die europäische Ebene dazukommt. Denn hier gibt es in den anderen Ländern ganz andere politische Denkweisen, Interessenlagen, politische Kulturen und Empfindlichkeiten als bei uns. Denken wir nur an das immer größer werdende Flüchtlingsproblem. Die Vertreter der jeweiligen Länder mit ihren eigenen Öffentlichkeiten begegnen sich als Gesprächspartner auf „Augenhöhe“. Tauchen hier Misstöne auf, können die Schwierigkeiten ungleich größer ausfallen als im eigenen Land.

Es ist daher ein Zeichen politischer Klugheit und Professionalität, wenn man sich erst dann in die öffentliche Auseinandersetzung begibt, wenn vorher geklärt ist, dass es auch eine hinreichende Zahl von Befürwortern gibt. Politiker sollten diese Sachverhalte und Verfahrensweisen daher nicht im Interesse populistischer Politikerschelte vernebeln, sondern im Gegenteil offensiv die eigene Arbeit mutig verteidigen und das Publikum über diese Probleme und Sachzwänge aufklären. Nur so können Fehlvorstellungen beseitigt und Vertrauen geschaffen werden. In diesem Sinne hat beispielsweise Bundestagspräsident Lammert zu Recht für die Politik „geschützte Räume der Urteilsbildung“ reklamiert[76].

Zudem: Ob die Abgeordneten nach solchen Vorklärungen die Entscheidungen nur noch abnicken müssen, ist mehr eine Frage danach, wie stark ihr Rückgrat ausgebildet ist. Sie haben schließlich eine Verantwortung gegenüber ihren Wählern, dem Volk. Sie müssen deshalb selbst dafür sorgen, dass sie ausreichende Informationen und genügende Bedenkzeit für ihre Entscheidung erhalten. Aber am Ende des Tages müssen sie entscheiden, wobei sie nur ihrem Gewissen gegenüber verantwortlich sind. Darüber zu klagen, dass das nicht immer einfach sei, zeugt nicht von der für dieses Amt erforderlichen Standfestigkeit, Professionalität und Verantwortung.

Das alles sind Erfahrungen und Erkenntnisse, die man durch die aktive Mitarbeit in politischen Parteien gewinnen kann und die befähigen, ein besseres und realistischeres Verhältnis zur politischen Arbeit und zum Funktionieren unserer Demokratie zu gewinnen. Dies und die tendenziell bessere politische Informationslage sowie das größere demokratische Engagement der Parteimitglieder rechtfertigt es dann auch, dass diese das Privileg haben, die Kandidaten für die politischen Ämter zu bestimmen.

---

76 In DIE ZEIT vom 16.4.2014, S. 10.

3. Abschnitt: Die Realität ist: Die Bürger verweigern sich den Parteien

Entsprechend dem bisher Gesagten findet man all das, was die mündig gewordenen Bürger vermissen, in den politischen Parteien. Hier können sie sich und ihre Auffassungen einbringen, können mitwirken, mitbestimmen und Einfluss nehmen und das meist zu einem sehr frühen Zeitpunkt, wenn die Probleme und die zukünftigen Entscheidungen in der Öffentlichkeit noch gar nicht diskutiert werden. Als Mitglieder können sie sich an der Auswahl des politischen Personals, vor allem der Kandidaten für die öffentlichen Ämter, beteiligen und selbst auch kandidieren.

Für all dies muss das Parteimitglied einen Teil seiner Freizeit und seiner Lebenskraft dauerhaft oder jedenfalls für einen längeren Zeitraum in solch ein Engagement investieren. Wie viel das ist, kann es selbst bestimmen. Wenn jemand nicht nur im Wesentlichen ein zahlendes Mitglied sein will, wird das Minimum die Teilnahme an den Versammlungen der untersten Parteiebene sein, wenigstens dann, wenn Wahlen auf der Tagesordnung stehen. Im Durchschnitt gibt es auf der untersten Ebene eine Abendveranstaltung alle zwei Monate oder noch weniger. Auch die Häufigkeit der Treffen ist im Übrigen eine Sache, die die Parteimitglieder bestimmen können. Nach oben sind dem Engagement keine Grenzen gesetzt – bis hin zum Berufspolitiker.

Aber die Bürger nehmen bis auf eine geringe Minderheit diese Chancen, die in der Mitarbeit in einer Partei liegen, nicht wahr. Sie versammeln sich nicht in den Parteien, arbeiten in ihnen nicht mit. Eine solche Mitarbeit oder auch nur die bloße Mitgliedschaft in einer Partei ist für jemanden, der sich heute als Demokrat bezeichnet, eben nicht selbstverständlich, gehört bei den Bürgern – anders als im klassischen Athen – nicht gewissermaßen zum guten Ton. Ein wesentlicher Grund für die Politikverdrossenheit, für die Frustrationen der politisch emanzipierten Bürger liegt nach meiner Überzeugung darin, dass sie die Parteiendemokratie und ihre Aufgaben dort nicht wirklich akzeptiert, nicht verinnerlicht haben.

Ich beklage dies und fühle mich durch die Ausführungen des britischen Politikwissenschaftlers Colin Crouch[77] bestätigt, der in dem schon erwähnten Essay über Postdemokratie schreibt:

> „Die Demokratie kann nur dann gedeihen, wenn die Masse der normalen Bürger wirklich die Gelegenheit hat, sich durch Diskussionen und im Rahmen unabhängiger Organisationen aktiv an der Gestaltung des öffentlichen Lebens zu beteiligen und wenn sie diese Gelegenheit auch aktiv nutzt. Dieses Ideal basiert auf anspruchsvollen Vorannahmen: Es setzt voraus, dass sich eine große Zahl von Menschen lebhaft an ernsthaften politischen Debatten und an der Gestaltung der politischen Agenda beteiligt und nicht allein passiv auf Meinungsumfragen antwortet; dass diese Menschen ein gewisses Maß an politischem Sachverstand mitbringen und sie sich mit den daraus folgenden politischen Ereignissen und Problemen beschäftigen.
>
> Vielleicht wird dieses idealtypische Modell niemals vollständig verwirklicht werden, doch wie alle utopischen Ideale gibt es uns zumindest einen wichtigen Maßstab an die Hand. Auch in unserem Kontext ist es äußerst wichtig und hilfreich, die Frage zu stellen, wie unser Handeln sich zu einem bestimmten Ideal verhält, denn nur dadurch haben wir die Möglichkeit, in Zukunft besser zu handeln."

I. Zahlen

Nach dem Bericht des Bundestagspräsidenten vom 14.1.2018[78] waren im Wahljahr 2017 1 227 579 Menschen Mitglieder der sieben im Bundestag vertretenen Parteien. Davon waren 425 916 bei der CDU und 443 152 Mitglieder in der SPD organisiert. Am wenigsten hatte die AfD mit 27 467 Mitgliedern. An dritter Stelle stand die CSU mit immerhin 140 631 Mitgliedern. Bündnis 90/Die Grünen hatten 65 065 Mitglieder, die FDP 63 050 und Die Linke 62 298. Bei 61 688 485 wahlberechtigten Bürgern ergibt dies, dass von diesen am 31.12.2017 nur ein Anteil von 1,98 % Mitglied einer dieser sieben politisch relevanten Parteien war.

---

77 Colin Crouch, siehe oben FN 8, S. 8f.

78 Drucksache des Bundestages 19/7000.

Bedenkt man, dass unter den gezählten Parteimitgliedern auch nicht wahlberechtigte Personen sind, z. B. Jugendliche unter 18 Jahren sowie Ausländer, und berücksichtigt man ferner, dass von den Parteimitgliedern nur ein Bruchteil aktiv an der Parteiarbeit mitwirkt, wohlwollend gerechnet 25 %, eher weniger, so kommt man zu dem Ergebnis, dass etwa 0,5 % der wahlberechtigten Bürger über alle wichtigen politischen Grundsatzfragen entscheiden. Nur etwa 0,5 % der wahlberechtigten Bürger wählen vor allem das politische Personal aus und stehen selbst als politisches Personal, als Kandidaten für die Staatsämter, zur Verfügung.

Diese Situation, dass die Bürger die durch die Parteien gegebenen Möglichkeiten zur politischen Mitwirkung nicht wahrnehmen, hat sich in den letzten 20 Jahren verschlechtert. Am 31.12.2002 waren noch 1 647 150 Bürger Mitglieder der im Bundestag vertretenen 6 politischen Parteien; bei 61,4 Millionen Wahlberechtigten waren dies noch 2,7 %. Die Zahl ist seitdem kontinuierlich gesunken. Am 31.12.2009 gab es nur noch 1 391 147 Mitglieder in diesen Parteien. Bei der Wahl 2009 gab es 62 168 489 Wahlberechtigte, die Parteimitglieder machte davon 2,2 % aus. Die Zahl der Mitglieder ist also in diesen 7 Jahren um gut 15 % gesunken[79]. Im Jahre 2012 waren nur noch 1 283 092 Bürger Mitglieder dieser 6 Parteien[80]; die Zahl war also in nur drei Jahren um weitere 7,7 % gesunken. Nach einer Erklärung des CDU-Generalsekretärs Peter Tauber[81] hatte die Partei im Juni 2014 nur noch ca. 467 000 Mitglieder und verlor monatlich ca. 500 bis 1000. Das alles geschah, ohne dass dies irgendwo in der Öffentlichkeit zu einer wesentlichen Beunruhigung führte.[82] Auch für die Parteien selbst scheint hier kein besonderes Problem zu liegen, denn sonst würde dies sicher anders diskutiert.

Für die demokratische Meinungs- und Willensbildung des Volkes liegt jedoch in diesem immer geringer werdenden Interesse der Bürger an der Mitarbeit in den politischen Parteien ein gravierendes Problem und sicher auch für die Qualität der zu Wählenden. In einigen Bereichen, vor allem auf kommunaler Ebene, sind die

---

79 Drucksache des Bundestages 17/11090 vom 18.10.2012, S. 16.

80 Drucksache des Bundestages 18/400 vom 5.2.2014 und 18/401 vom 6.2.2014.

81 „CDU will bunter, jünger, weiblich sein“ im Hamburger Abendblatt vom 24.6.2014 S. 3.

82 Der Parteisoziologe Oskar Niedermeyer vom Otto-Stammer-Zentrum für Empirische Politische Soziologie an der FU Berlin sieht in dieser Entwicklung „für die Parteiendemokratie […] überhaupt keine Folgen“, so in der Süddeutschen Zeitung vom 1.1.2015 S. 6.

Parteien nicht mehr in der Lage, eigene Kandidaten für die anstehende Wahlen zu benennen.

Wenn sich diese Entwicklung so weiter fortsetzt, ist es nicht mehr zu bestreiten, dass sich unsere Demokratie zu einer Oligarchie entwickelt. Aber dies ist nicht so, weil hier irgendwelche undemokratischen Dunkelmänner, Lobbyisten, Vertreter des internationalen Großkapitals oder von Wirtschaftsmächten am Werke sind, sondern weil sich schlicht die Zeitgenossen nicht an der Regierung durch das Volk beteiligen.

Trotz meiner Grundeinstellung bin ich weit davon entfernt zu meinen, dass nun jeder Bürger Mitglied einer politischen Partei sein sollte. Die Menschen sind nun einmal mehr oder weniger politisch interessiert. Es gibt völlig unpolitische Menschen, wie es auch unmusikalische Menschen gibt. Das muss man akzeptieren. Manche engagieren sich in Vereinen, Verbänden und sonstigen Organisationen, die für unsere Demokratie auch wichtig sind. Aber weniger als 2 % der Wahlberechtigten als Mitglieder in den Parteien sind einfach zu wenig. Das Zehnfache, also 20 %, könnten es schon sein. Nach einer Umfrage der Bertelsmann-Stiftung aus dem Jahre 2011[83] haben 30 % der Befragten erklärt, für sie käme die Mitgliedschaft in einer politischen Partei infrage. Danach ist also die Vorstellung nicht unrealistisch, dass 20 % der Wahlberechtigten in politischen Parteien mitarbeiten sollten.

Ich bin davon überzeugt, dass manches in den Parteien und damit auch in der Politik besser liefe, wenn mehr aktive Bürger, und zwar gerade auch aus dem Bereich der vielen Bürgerinitiativen, in den Parteien mitarbeiteten. Die Kandidaturen wären offener. Der politische Willensbildungsprozess in der Republik wäre breiter und nachhaltiger. Der Stand der politischen Bildung in der Bevölkerung, die politische Kultur würden erheblich verbessert. Die Parteiapparate und die sogenannten Platzhirsche könnten sich angesichts der größeren Zahl der Mitglieder nicht so leicht durchsetzen, wie dies heute der Fall ist.

II. Gründe gegen die Mitarbeit in den Parteien

Begründungen für die mangelnde Mitarbeit in den Parteien gibt es viele. Ich kann nur die wichtigsten skizzieren und zu ihnen etwas sagen:

---

83 Umfrage ZMS-Emnid vom 31.5. und 6.6.2011 für die Bertelsmann-Stiftung.

1. Allgemeine Gründe

Zunächst ist die Ablehnung der Parteien bei uns historisch begründet. Nicht nur nach dem Ende der beiden Diktaturen in Deutschland weckte das Wort „Partei" eine negative Erinnerung. Auch im Kaiserreich waren die Parteien allenfalls notwendige Übel. „Ich kenne keine Parteien mehr, ich kenne nur noch Deutsche!" formulierte der Kaiser zu Beginn des 1. Weltkriegs. Thomas Mann, hier als maßgeblicher Vertreter des deutschen Bildungsbürgertums gesehen, erklärte in seinen *Betrachtungen eines Unpolitischen*[84]:

> „Ich will nicht die Parlaments- und Parteiwirtschaft, welche die Verpestung des gesamten nationalen Lebens mit Politik bewirkt […] Ich will nicht Politik. Ich will Sachlichkeit, Ordnung und Anstand."

In der Weimarer Zeit setzte sich das fort, allerdings gab es hier auch unter den Staatswissenschaftlern schon gewichtige Stimmen[85], welche die Bedeutung der Parteien für die Demokratie anerkannten, was man in den Diskussionen der Staatsrechtslehrer nachlesen kann. In der staatsrechtlichen Wissenschaft der Bundesrepublik hat sich das geändert. Hier geht die herrschende Meinung wie das Bundesverfassungsgericht von der grundlegenden Bedeutung der politischen Parteien für unser demokratisches System aus. Die Ausführungen von Schachtschneider muss man als Einzelmeinung betrachten.

In der Bevölkerung aber und vor allem auch bei großen Teilen der Medien weckt das Stichwort „Partei" jedoch keine positiven Emotionen. Die Parteien haben ein negatives Image[86]. In der SINUS-Studie 2020[87] landen die politischen Parteien bei der Frage nach der Vertrauenswürdigkeit der politischen Akteure und Institutionen auf dem letzten Platz. Parteimitglieder sind gewissermaßen

---

84 Thomas Mann: *Betrachtungen eines Unpolitischen*, 15. bis 18. Aufl., Berlin 1920, S. 246.

85 Z. B. Carl Heinrich Triepel: Die Staatsverfassung und die politischen Parteien, Berlin 1928.

86 Martin Morlock in Grundgesetzkommentar herausgegeben von Horst Dreier, Band 2, 2. Aufl., Tübingen 2006, Art. 21 RNr. 1–7.; Everhard Holtmann, siehe oben FN 25, S. 52ff.

87 SINUS Jugendstudie 2020, siehe oben FN 10, S. 415ff.

per definitionem ungebildet, beschränkt, kleinkariert, unflexibel, unbelehrbar, auf ihr Programm festgelegt, irgendwie doof. In jüngster Zeit hat Botho Strauß, einer der bedeutendsten Autoren und Dramatiker in Deutschland, dies in einer die Politiker allgemein abwertenden Bemerkung deutlich zum Ausdruck gebracht:

> „Bei uns bestimmt das Populäre das Niveau der politischen Repräsentanten, die allesamt Ungelehrte in jeder Richtung sind, nicht zuletzt weil Parteizugehörigkeit zwangsläufig Wissen reguliert und im wesentlichen kein außerdemokratisches aus der Tiefe der Zeit zuläßt."[88]

Die Entwicklung zum „Parteienstaat" wird immer noch von vielen Bürgern wenn nicht als Entartung, so doch jedenfalls als Fehlentwicklung unserer Demokratie angesehen. Dies lässt sich beispielhaft an der maßgeblich von Joseph Beuys gegründeten, bereits genannten „Organisation für direkte Demokratie durch Volksabstimmung" ablesen[89]. Vorausgegangen war ihr die 1967 an der Kunstakademie Düsseldorf ebenfalls von Beuys mitbegründete „Deutsche Studentenpartei", welche 1970 in die „Organisation der Nichtwähler" umgewandelt wurde. Die Mitglieder wollten sich nicht mehr an Wahlen mit politischen Parteien beteiligen. 1972 verlegte Beuys das Büro der „Organisation für direkte Demokratie durch Volksabstimmung" als seinen künstlerischen Beitrag zur documenta 5 nach Kassel und diskutierte dort 100 Tage lang persönlich mit den Besuchern über die direkte Demokratie und die Möglichkeiten ihrer Verwirklichung. Dabei wurde die direkte Demokratie zur zeitgemäßen Aufgabenstellung der Kunst erklärt.

Nach dem „Politischen Programm" dieser Organisation haben die Parteien Gesetze erlassen, die die Rechte der Volksmehrheiten zugunsten privilegierter Minderheiten beschneiden. Parteien vertreten demnach immer „egoistische" Interessen. Von einem „undemokratischen Prinzip der Parteien, nämlich der dauernden Beherrschung der Menschen durch das Kapital" ist die Rede sowie davon, dass die

---

[88] Botho Strauß in DIE ZEIT Nr. 37 vom 3.9.2020, S. 49.

[89] http://de.wikipedia.org/wiki/Organisation_für_direkte_Demokratie_durch_Volksabstimmung.

„Unterscheidung der Parteibuchinhaber von den Menschen ohne parteipolitische Ambitionen" dem Gleichheitssatz des Grundgesetzes widerspreche[90].

Hier wird allein der Gegensatz zwischen den „egoistischen" Parteien einerseits und der Mehrheit der Menschen ohne parteipolitische Bindung andererseits zur Grundlage der Aktion gemacht. Dass die Organisation ihrerseits zwar nicht im Rechtssinne, aber doch ihrem Wesen nach, auch wieder eine Partei darstellt, wird nicht weiter reflektiert. Die Notwendigkeit der Arbeit von politischen Parteien für das Funktionieren unserer Demokratie wird nicht zur Kenntnis genommen.

Dahinter steht wiederum die schon oben kritisierte Fehlvorstellung, dass es für die politischen Probleme immer eine einzige richtige Lösung gäbe, die durch die Weisheit des Volkes im Volksentscheid gefunden werden könnte, wenn da nicht die politischen Parteien wären, die dies aus egoistischen Gründen verhinderten. Dass jede Abstimmungsmehrheit letztlich aber auch immer nur durch bestimmte Grundannahmen und Interessenlagen zustande kommt, die zudem noch verschiedenartig sein können, wird nicht weiter erörtert.

Auf die Problematik von plebiszitären Entscheidungen ist schon oben ausführlich hingewiesen worden. Hier soll nur noch einmal betont werden, dass auch der Ausgangspunkt der Argumentation nicht akzeptiert werden kann. Denn es ist eben in den allermeisten Fällen nicht so, dass es für ein politisches Problem immer nur eine richtige Lösung gibt. Jedenfalls ist diese zum Zeitpunkt der Entscheidung vielfach nicht erkennbar. Es geht nun einmal in der Politik um Gestaltung von Zukunft, und der Blick in die Zukunft ist uns Menschen bis jetzt immer noch verwehrt. Dem steht nicht entgegen, dass es unter den vielen Teilnehmern an der öffentlichen Diskussion meistens auch solche gibt, die aus der Sicht eines objektiven späteren Betrachters das Richtige vorgeschlagen haben. Aber der Politiker muss zum Zeitpunkt der Entscheidung in der Lage sein, das Richtige zu erkennen und auch entsprechend zu handeln, und zu diesem Zeitpunkt lässt sich die objektiv richtige Lösung – wenn es sie denn überhaupt gibt – häufig noch nicht erkennen und es herrscht Streit über den richtigen Weg. Trotzdem muss entschieden werden.

Darüber hinaus ist es von der jeweiligen Interessenlage her gesehen sehr unterschiedlich, was man unter dem Wohle des Volkes zu verstehen hat. Wie sollte man

90 Dazu Wilfried Heidt: „Die Umstülpung des demiurgischen Prinzips – Joseph Beuys, die Aufgabe der Deutschen und der 23. Mai 1989", Vortrag in der Reihe: „Die unsichtbare Skulptur", Kassel 1987.

im Jahre 2012 etwa das Wohl des Volkes für Griechenland bestimmen? Diente die Agenda 2010 dem Wohl des Deutschen Volkes oder nicht? War die Absenkung des Renteneintrittsalters auf 63 Jahre im Jahre 2014 – gegen das Votum der maßgeblichen Fachleute, das sich auf die gegebenen Tatsachen und mathematische Berechnungen stützte – eine Entscheidung für eine bessere Zukunft des Deutschen Volkes? Und was ist heute politisch der richtige Weg zur Bekämpfung von Corona und Erderwärmung? Dabei bedeutet „politisch" die Berücksichtigung aller Aspekte, nicht nur die der naturwissenschaftlichen Experten.

Die Gegner von politischen Parteien interessiert die Verfassungswirklichkeit wenig. In der Wirklichkeit bestimmen die Parteien, besser vielleicht: die Parteivertreter, das politische Geschehen. Spricht man von dem Kanzler/von der Kanzlerin, ist damit immer auch die dahinterstehende Partei gemeint. Ebenso ist es bei den Vertretern der Opposition. In den Medien wird kein Politiker erwähnt oder zitiert, ohne dass auch immer die Partei genannt wird, deren Mitglied er ist und von der er vorgeschlagen wurde. Das ist in der Vergangenheit grundsätzlich nicht anders gewesen. Man muss sich nur mit der politischen Geschichte des Kaiserreiches oder der Weimarer Republik beschäftigen, um überall das Wirken und die Bedeutung der Parteien festzustellen. Die Medien achten heute strikt darauf, dass bei ihnen alle im Bundestag vertretenen Parteien zu Wort kommen. Dies führt manchmal dazu, dass etwa in den Nachrichten die Opposition stärker zu Wort kommt als die Regierung, weil dem einen Vertreter der Regierung und der sie tragenden Parteien aus Gründen der politischen Korrektheit die Stellungnahmen der Vertreter der verschiedenen Oppositionsparteien gegenüberstehen. Aber all dies führt bei den Bürgern nicht zu der Konsequenz, dass sie in Anerkennung dieser Realität sich als Demokraten für die Mitarbeit in einer Partei entscheiden.

Auch in der Wissenschaft und in den Medien wird bei der Diskussion über Politikverdrossenheit nur ganz selten empfohlen, in Parteien einzutreten, um etwas zu ändern. Die Realität wird gerade nicht anerkannt, sondern im Gegenteil: Der angeblich viel zu große Einfluss der Parteien auf die politischen Verhältnisse und die staatlichen und halbstaatlichen Instanzen wird beklagt. Nur Teile der sogenannten 68er Bewegung haben dies richtiger gesehen und seinerzeit zum „Marsch durch die Institutionen" aufgerufen, womit auch der Eintritt in die politischen Parteien und die aktive Mitarbeit dort gemeint war. Namhafte Vertreter dieser Generation haben dann auch in den Parteien Karriere gemacht.

Die politischen Milieus seien zerfallen, die Gesellschaft sei komplexer geworden, die Bindungsfähigkeit der Menschen habe abgenommen, wird zur Begründung des Rückgangs der Mitgliederzahlen angegeben.

Interessant ist in diesem Zusammenhang die These des Berliner Soziologen Andreas Reckwitz[91]. Ihm zufolge lässt sich in den vergangenen 70 Jahren eine Abfolge von „politischen Paradigmen“ feststellen, von denen jeweils eines für einige Jahrzehnte den politischen Diskurs in der Gesellschaft und das Verhalten ihrer Mitglieder bestimmt, bis es nach einer Übergangszeit mit zum Teil heftigen Auseinandersetzungen von dem nächsten Paradigma abgelöst wird. Konkret bedeutet dies nach seiner Deutung, dass in dem Deutschland der Nachkriegszeit ein „sozial-korporatistisches“ Paradigma herrschte. Das Individuum war in die Organisationen der Gesellschaft eingebunden. Neben Firmen mit Dauerbelegschaft, Gewerkschaften, Kirchen und anderem waren es auch die Volksparteien, die damals ihre Blütezeit hatten. Die SPD hatte 1976 über 1 Million Mitglieder, die CDU/CSU im gleichen Jahr knapp 800 000. Dies waren die Höchststände, danach gingen die Mitgliederzahlen kontinuierlich zurück, und zwar im Ergebnis auch nach der Wiedervereinigung[92]. Dies fällt zusammen mit dem Aufkommen eines neuen politischen Paradigmas, welches Reckwitz mit dem Begriff „apertistisch-liberal“ kennzeichnet. Im Lebensstil der „neuen Mittelklasse“ tritt an die Stelle von Pflicht, weitgehender Akzeptanz und Einordnung in die nach dem Krieg gewachsenen Ordnungen der Wunsch nach Selbstverwirklichung. Die alten Korporationen werden als Einschränkung der eigenen Möglichkeiten empfunden. In der Beschreibung dieses neuen Lebensstils spielt die aktive Betätigung als Demokrat, insbesondere die Mitarbeit in einer politischen Partei, keine Rolle[93].

Viele Erörterungen und Diskussionen zu unserem Thema haben gewissermaßen das Gegensatzpaar „Bürger“ – „Politik“ zur Grundlage. Dabei wird zu wenig thematisiert, dass in einer Demokratie ein solcher Gegensatz nicht besteht. In einer Demokratie sind nun einmal grundsätzlich alle zum Mitregieren, zur Mitarbeit in der Politik, aufgerufen. Es gibt in einer Demokratie niemand anderen, insbesonde-

---

91 Andreas Reckwitz, *Das Ende der Illusionen*, 6. Aufl., Berlin 2020, dort vor allem das 2. und 5. Kapitel.

92 http://www.bpb/parteien-in-deutschland/infografiken/mitgliederentwicklung.

93 Andreas Reckwitz, *Die Gesellschaft der Singularitäten*, 3. Aufl., Berlin 2020. S. 273ff., 308ff.

re keine Obrigkeit, die für die Politik zuständig wäre. Die Klage über „die Politik" verrät daher die eigene obrigkeitsstaatliche Gesinnung, schreibt zu Recht Christoph Möllers in seinem kleinen Lehrbuch über Demokratie[94]. Die Bürger sind in einer Demokratie nicht nur Zuschauer, Betroffene, Außenstehende, Kunden oder Konsumenten von Politik; um diese haben sich nicht nur „die Politiker" zu kümmern, was meist der unterschwellige Tenor solcher Auseinandersetzungen ist. Vielmehr muss demgegenüber betont werden, dass die Bürger als Demokraten bei der Willensbildung eine Bringschuld haben, und dies nicht nur punktuell, sondern per definitionem immer. Sie müssten sich selber darum kümmern, aus ihrem Selbstbewusstsein, vielleicht sogar ihrem Stolz als Demokraten heraus. Es ist ihre Sache, die im staatspolitischen Bereich betrieben wird.

Auch hier gilt das bekannte Bild, das der frühere Bundespräsident Heinemann verwendet hat: Wer mit dem Finger auf „die Politiker" zeigt, sollte bedenken, dass drei Finger der Hand auf ihn selbst zeigen.

Es mag darüber hinaus weitere allgemeine Gründe dafür geben, dass die Mitglieder der politischen Parteien immer weniger werden. Das ändert jedoch nichts daran, dass wir Parteien als „Motoren unseres parlamentarischen Systems"[95] weiterhin brauchen. Solange niemand ein besseres Regierungssystem gefunden hat, das die Würde des Menschen und seine Freiheitsrechte als oberste Werte anerkennt und zu verwirklichen sucht, bleibt nichts anderes übrig, als nach Wegen zu suchen, um die Parteien nicht nur am Leben zu erhalten, sondern um sie so zu stärken, dass sie ihre Aufgaben besser erfüllen können.

2. Persönliche Gründe

Ein beliebtes Argument gegen die Mitarbeit in einer Partei ist, dass man mit keiner Partei inhaltlich übereinstimme, dass man sich in den Parteiprogrammen mit seinen eigenen Meinungen nicht wiederfinde. Hierzu muss zunächst einmal – angesichts des Selbstbewusstseins der Zeitgenossen sehr deutlich – darauf hingewiesen werden, dass es in einer Demokratie – wie oben ausführlich erörtert – niemals auf die Meinung eines Einzelnen ankommen kann, sondern dass es immer darum geht,

---

94 Christoph Möllers, siehe oben FN 10, RNr. 171.

95 Martin Morlok, siehe oben FN 86, Art. 21 RNr. 16.

sich mit anderen zusammenzutun, um Mehrheiten zu bilden, und dass Parteien hierfür das Instrumentarium zur Verfügung stellen. Demokratie heißt eben gerade nicht Selbstverwirklichung und dass ein Einzelner sagt, wo es lang gehen soll, sondern Willensbildung des Volkes .

Etwas moderater wird man sagen können: In der Regel hat der Einzelne im Bereich der Politik bestimmte Grundanschauungen, die nicht zuletzt durch die Verlautbarungen der Parteien und durch die Medien geprägt sind. Er kann sich deshalb der Partei anschließen, die die größte Schnittmenge mit den eigenen Überzeugungen aufweist. Oder man geht danach, wo sich die meisten Politiker versammeln, die einem sympathisch sind und mit denen man übereinstimmt. Mehr kann man nicht erwarten, mehr ist aber auch nicht nötig. Eine totale Übereinstimmung der eigenen Meinungen mit allen Positionen einer Partei wird es nur in sehr seltenen Fällen geben. Im Gegenteil: Es gibt viele Parteimitglieder, die offen sagen, dass sie keineswegs mit allen programmatischen Erklärungen und mit allen Vertretern ihrer Partei einverstanden sind. Vieles wird schlicht ertragen. Man wartet auf den richtigen Moment, um Änderungen herbeizuführen. Denen kann man sich anschließen und damit deren Position und die eigene stärken. Als Bundeskanzler Kohl 1985 der späteren Bundestagspräsidentin Rita Süssmuth das Amt der Familienministerin anbot, entgegnete diese, sie hätte andere Auffassungen zur Strafbarkeit von Abtreibungen als die Partei, einem seinerzeit wichtigen Punkt in der Programmatik der CDU; dieser habe darauf geantwortet, er habe da auch eine andere Auffassung, aber nicht öffentlich[96]. Peer Steinbrück als Kanzlerkandidat der SPD in der Kampagne für die Wahl 2013 forderte für sich „Beinfreiheit".

Häufig spielt bei der Ablehnung der Parteiarbeit auch ein Schuss Selbstüberschätzung eine Rolle, eine Einstellung, die für einen Demokraten nur bedingt tauglich ist. Der schon mehrfach zitierte Staatsrechtler Möllers spricht[97] zurecht von der „demokratischen Zumutung der Demut": Wir seien weder allein auf der Welt noch wichtiger als die anderen. Zwar soll jeder für seine Überzeugungen kämpfen, aber er muss diese eben auch hintanstellen können, wenn andere bessere Problemlösungen vorschlagen, oder auch im Interesse höherwertiger Ziele für das Ganze.

Manch einem liegt der Streit nicht, der mit dem Willensbildungsprozess innerhalb einer Partei verbunden ist. Aber auch die innerparteiliche Auseinandersetzung

---

[96] So Rita Süssmuth in einem Interview in der ZEIT Nr. 49 vom 26.11.2020, S. 40.

[97] Christoph Möllers, siehe oben FN 10, RNr. 173.

ist nun einmal ein Wesenselement der Demokratie. Es fehlen allerdings häufig geeignete Moderatoren, die die innerparteilichen Auseinandersetzungen so leiten können, dass es nicht zu persönlichen Verletzungen kommt und dass jeder sein Gesicht wahren kann. Doch auch dies ist letztlich eine Folge der geringen Zahl der aktiven Teilnehmer an solchen Veranstaltungen: Es fehlen dort vor allem diejenigen, die nur als Demokraten an der Willensbildung mitwirken möchten und keine weitergehenden persönlichen Ambitionen, etwa im Hinblick auf Posten und Ämter, haben.

Andere wenden ein, dass sie keine Zeit für Parteiarbeit hätten. Dem ist zu entgegnen, dass der zeitliche Umfang der Mitarbeit in einer Partei bei jedem Einzelnen liegt. Ich habe oben darauf hingewiesen, dass wenigstens die Mitarbeit in der untersten Parteigliederung, die sich im Durchschnitt alle 2 Monate an einem Abend trifft, und die Teilnahme an den Wahlen der Parteivertreter und der Kandidaten für öffentliche Ämter wünschenswert wäre. Ein solcher Zeitaufwand ist überschaubar und sollte für jeden, der sich als Demokrat bezeichnet, zu leisten sein.

Die Entscheidung für eine bestimmte politische Partei wird nicht für die Ewigkeit getroffen. Jedes Mitglied hat die Möglichkeit, die Partei jederzeit auch wieder zu verlassen. Wenn die Partei also eine politische Richtung einschlägt, die einem nicht gefällt, und die Schnittmenge gemeinsamer Überzeugungen zu gering wird oder gar völlig verschwindet, kann man daraus die Konsequenzen ziehen und die Partei verlassen. Dies ist nichts Ehrenrühriges, kein Verrat, auch wenn es von manchen noch so empfunden wird. Selbst für den erfolgreichen Übertritt in eine andere Partei gibt es zahlreiche Beispiele, etwa den früheren Bundesinnenminister Schily (von den Grünen zur SPD) oder auch den ehemaligen EU-Kommissar Verheugen (von der FDP zur SPD).

Der wichtigste Grund für die mangelnde Mitarbeit in einer Partei wird öffentlich nicht diskutiert, weil er eine negative Aussage über die Bürger enthält und ihr Räsonieren über die Schlechtigkeit von Politik und Politikern in vielen Fällen als Gerede entlarvt: Es fehlt die Bereitschaft, einen Teil der eigenen Zeit und auch einen Teil der eigenen Lebenskraft der Gesellschaft, der res publica, zur Verfügung zu stellen. Und die 30 % der Bürger, die nach der Untersuchung der Bertelsmann-Stiftung bereit wären, in politischen Parteien mitzuarbeiten, tun dies eben nicht. Die Prioritäten werden von ihnen dann doch anders gesetzt.

Mitarbeit in einer Partei setzt voraus, dass die Bürger nicht nur zu einem punktuellen Engagement bereit sind, zur Erregung des Wutbürgers, sondern dass sie einen

Teil ihrer Freizeit und ihrer Lebenskraft kontinuierlich in ein solches demokratisches Engagement investieren.

Hier aber liegt der entscheidende Grund für die mangelnde Bereitschaft zur Mitarbeit in politischen Parteien: Mit diesem dauerhaften Engagement ist es leider nicht weit her. Die Bürger sind nicht bereit, für das Gelingen der Demokratie in unserem Lande Zeit und Engagement zur Verfügung zu stellen.

Eine wissenschaftliche Untersuchung, die sich ausdrücklich mit dieser Frage beschäftigen würde, gibt es nach meiner Kenntnis nicht. Aber meine Bewertung wird durch die erwähnte repräsentative Umfrage der Bertelsmann-Stiftung aus dem Jahre 2011[98] bestätigt. Gefragt wurde nach der Bereitschaft, sich in unterschiedlicher Weise und auch mit unterschiedlichem zeitlichem und persönlichem Einsatz auf demokratische Weise politisch zu betätigen. Dem Ergebnis lässt sich entnehmen, dass die Bereitschaft um so geringer wird, je größer der zeitliche und persönliche Einsatz ist:

- 94 % der Bevölkerung sind bereit, zur Wahl zu gehen;
- 86 % haben dies schon einmal getan.
- 78 % würden sich an Volksentscheiden und Bürgerbegehren beteiligen,
- 68 % würden an Abstimmungen über Infrastrukturprojekte teilnehmen,
- 60 % sind bereit, über Wahlen und Abstimmungen hinaus an politischen Prozessen teilzunehmen.
- 55 % würden einem Interessenverband beitreten oder einen Leserbrief schreiben.
- 54 % würden sich mit Beschwerden und Eingaben an ihren Abgeordneten wenden.
- 51 % würden sich an einer online-Umfrage im Internet beteiligen.
- 47 % würden an einer Demonstration teilnehmen oder einen Bürgerhaushalt mitberaten.
- 39 % würden sich an einem zeitlich begrenzten Bürgerforum oder einer Zukunftswerkstatt beteiligen,
- 34 % an einer Bürgerinitiative und lediglich
- für 30 % käme die Mitgliedschaft in einer politischen Partei infrage,
- für 69 % ausdrücklich nicht.

---

[98] Siehe oben FN 83.

Dass statt der 30 % nur 2 %, bzw. heute noch weniger, dann tatsächlich ihre Vorstellung umsetzen, kann nur zu weiterer Ernüchterung führen.

Interessant ist, dass die Bertelsmann-Stiftung diese Diskrepanz zwischen dem angeblich so großen Wunsch der Bürger nach mehr politischen Beteiligungsmöglichkeiten – 81 % haben einen solchen Wunsch – und der mangelnden Bereitschaft, hierfür persönlich Freizeit und eigene Energie einzusetzen, nicht sieht oder jedenfalls nicht artikuliert. Dies liegt jedoch auf der allgemein herrschenden Linie, welche die Verantwortung für die beklagenswerte Lage in unserer Demokratie niemals bei den Bürgern und ihrer unerfüllten Bringschuld sieht, sondern stets „der Politik" anlastet.

4. Abschnitt: Schlussfolgerungen

Eine Schlussfolgerung sollte nicht sein, dass man die Entscheidungen der Parteien für Nichtmitglieder öffnet wie etwa bei den Vorwahlen in den USA. Dies wäre geradezu kontraproduktiv. Denn dadurch würden die Parteien nur weiter ausgedünnt und die ohnehin vorhandenen oligarchischen Tendenzen weiter verstärkt. Die Folge dessen wären große Nachteile gerade für den Meinungs- und Willensbildungsprozess. Dieser fände nicht mehr in den Parteien statt und die Verbindung der Politiker mit der Basis und ihre so immerhin mögliche Verankerung in der Gesellschaft würden aufgehoben. Immer weniger Mitglieder würden so tun, als sprächen sie für die große Masse. Das amerikanische System, in dem das große Geld anders als bei uns eine maßgebliche Rolle spielt, erscheint mir nicht als Vorbild. Die parlamentarische Demokratie, wie wir sie bislang verstehen, hat nur dann eine Zukunft, wenn mehr Bürger gerade nicht außerhalb der Parteien verharren, sondern im Gegenteil in die Parteien eintreten und sich dort am Meinungs- und Willensbildungsprozess und am Auswahlprozess für die Kandidaten beteiligen. Nur so lässt sich mehr Nähe zwischen Bevölkerung und Politik erreichen und das Personaltableau für die Kandidaturen verbessern.

Aber wie kann man etwas daran ändern, dass tatsächlich weniger als 2 % der Wahlberechtigten Mitglieder in politischen Parteien sind? Kurzfristig ist hier sicherlich wenig zu bewirken. Es geht um eine Veränderung des allgemeinen Bewusstseins, um eine Stärkung des demokratischen Engagements in der Gesamtbevölkerung. Dies kann man nicht verordnen, sondern nur in einem langfristigeren Prozess herausbilden.

Will man etwas ändern, reicht es auch nicht aus, dass die Bürger nur allgemein die Vorstellung haben, sie müssten irgendwie etwas mehr tun, als lediglich alle 4 Jahre zur Wahl zu gehen. Voraussetzung für eine Verbesserung wäre vielmehr, dass die Überzeugung Raum gewinnt, dass erst die freiwillige und selbstlose Mitarbeit in den Parteien den Bürger zum Demokraten adelt und dass unsere Demokratie eine Frischzellenkur durch verstärktes Engagement in den politischen Parteien benötigt.

Die Chancen für eine solche Bewusstseinsänderung sind gering. Das Lebensgefühl der heutigen Menschen steht dem entgegen. Sie möchten zwar ernst genommen werden, mitbestimmen, sich selbst verwirklichen. Andreas Reckwitz hat dies mit seiner „Neuen Mittelklasse“ treffend beschrieben[99]. In den Parteien aber ist das Ego des Einzelnen nicht so gefragt. Vielmehr geht es darum, Mehrheiten zu bilden, sich anzupassen, mitzuarbeiten und einzuordnen. Kompromisse sind – wie oben dargelegt wurde – das Wesentliche im demokratischen Willensbildungsprozess. Nur wenigen gelingt es, die eigenen Vorstellungen durchzusetzen. Dies steht dem Engagement der Zeitgenossen entgegen.

Weiter spricht gegen eine Mitarbeit in den Parteien die meist niedrige Frustrationsschwelle und die immer schwächer werdende Bereitschaft der heutigen Menschen, langfristige Bindungen einzugehen. Kennzeichnend für unsere Gesellschaft ist die rasche Folge von Erregungszuständen, nicht das „geduldige Bohren dicker Bretter“, um Max Webers so bildhafte Definition von politischer Tätigkeit an dieser Stelle zu verwenden.

Schließlich kann auch die heute übliche Frage „Was hab‘ ich davon?“ nur negativ beantwortet werden, wenn man denn ein langfristig besseres Verhältnis zwischen den Demokraten und ihrem Führungspersonal und ein besseres Verständnis für Politik nicht als Mehrwert ansieht.

Man mutet dem Publikum mit dem Engagement in den politischen Parteien etwas zu: Es soll einen Teil seiner Freizeit unentgeltlich der res publica zur Verfügung stellen. Solche Zumutungen an das Publikum liegen nicht im Trend. Der Bürger wird in der Debatte geschont. Man redet ihm nach dem Mund: allein die Politiker sind schuld an der demokratischen Misere und an der schlechten Politik.

Hier allerdings könnte sogar ein kleiner Teil der Wahrheit liegen. Nachdem das Bundesverfassungsgericht mit verschiedenen Entscheidungen die staatliche Parteienfinanzierung abgesegnet hatte, brauchten sich die Parteien jedenfalls für die Finanzierung ihrer Arbeit nicht mehr in erster Linie darum zu kümmern, möglichst viele Mitglieder zu gewinnen. Mitgliederwerbung spielt praktisch nur eine untergeordnete Rolle in den Parteiorganisationen. Vor allem die unteren Parteiorganisationen, wo die Meinungs- und Willensbildung des Volkes stattfinden könnte, sind ausgetrocknet.

Entschließt sich dann jemand, die Zumutung anzunehmen, erlebt er häufig einen Schock, wenn er eine Versammlung der unteren Parteiebene besucht. Er trifft dort, vornehmlich bei den „Altparteien“, meistens auf ältere Leute, die sich unter einan-

---

[99] Andreas Reckwitz, siehe oben FN 91, S. 90ff.

der seit vielen Jahren kennen und wo jeder schon weiß, was der andere sagen wird, „eine Gemeinschaft ermatteter Trauerklöße umweht vom Blues der Vergeblichkeit", wie Peter Dausend so plastisch die Situation der SPD im Wahlkreis München Nord beschreibt.[100] Wirkliche, inhaltsreiche Diskussionen sind selten, vor allem dann, wenn es um Ergänzungen oder gar um Änderungen der „Parteilinie" geht. Wer mit frischen Ideen und Vorschlägen für Aktivitäten kommt, wird meistens nicht mit offenen Armen aufgenommen. Aufbruchswille steht gegen Beharrungskraft und neue, qualifizierte Bewerber für Kandidaturen haben gegenüber denen das Nachsehen, die schon immer da waren, Plakate geklebt und sich um die Parteifreunde vor Ort gekümmert haben. Aber auch dies ist eine Folge davon, dass die „normalen" Bürger, die nicht in die parteiinternen Netzwerke und Abhängigkeiten eingebunden sind und ihre Entscheidungen an sachlichen Kriterien ausrichten, dort nicht in ausreichender Zahl mitarbeiten.

Man kann auch daran zweifeln, ob die aktiven Politiker an einer massenhaften Verbreiterung der Parteibasis wirklich interessiert sind. Denn diese würde ja eintreten, wenn statt 2 % der Wahlberechtigten in Zukunft 20 % der Wahlberechtigten Mitglieder in politischen Parteien wären. Die Konkurrenz um politische Ämter würde größer, die Kriterien der Auswahl strenger und die Macht des Parteiapparates geringer.

Die Politiker werden zwar eine solche Mitschuld als Unterstellung zurückweisen. Bundestagsvizepräsident Wolfgang Thierse hat am 25. Januar 2012 auf einer Diskussion der Körber-Stiftung erklärt, die Parteien riefen förmlich nach der Mitarbeit der Bürger, wörtlich: „Mit der Wagenburgmentalität in den Parteien ist es vorbei". Nur öffentlich hört man davon nichts und es erstaunt, dass es keine nachhaltige und wirksame Werbung der Parteien um mehr Mitglieder gibt.

Die Parteien müssten und könnten selbst etwas dafür tun, dass die Mitarbeit bei ihnen attraktiver wird. Dazu gehört alles, was die Möglichkeiten der Mitglieder verbessert, an der Meinungsbildung in der Partei und der Auswahl des politischen Personals mitzuwirken. Die Mitgliederentscheide in der SPD über den Abschluss der großen Koalition in den Jahren 2013 und 2018 sowie die vergleichbaren Entscheide nach den Landtagswahlen in einigen Bundesländern sind hierfür hoffnungsvolle Beispiele. Leicht handhabbare Verfahren für Mitgliederbefragungen und Urwahlen von Kandidaten sind bei der heutigen Technik möglich, sollten weiterentwickelt

---

[100] Peter Dausend „Zu schlau für die SPD" in: DIE ZEIT Nr. 40 vom 24.9.2020 S. 6.

und eingeführt werden. Im Gegensatz zu allgemeinen Plebisziten auf Bundesebene halte ich solche Verfahren für die Meinungs- und Willensbildung in den Parteien für zweckdienlich und wünschenswert. Hier geht es nicht um den Willen des Volkes, sondern um die Meinung der Mitglieder einer Partei, neben der es auch andere Meinungen im Volke geben kann.

Das innerparteiliche Delegiertensystem sollte weitestgehend abgeschafft werden. Denn es entmündigt die Mitglieder und verhindert gerade das, was mündige Bürger heute wollen: selbst mitreden, mitwirken, mitentscheiden, insbesondere bei der Auswahl der Kandidaten für die Staatsämter. Die Vertrauensbasis würde durch die Abschaffung des Delegiertensystems verbessert. Delegierte lassen sich stärker durch den Parteiapparat beeinflussen und in Seilschaften für die politischen Erbhöfe einordnen als Mitglieder, obwohl diese die Fähigkeiten der Kandidaten sicher ebenso gut beurteilen können wie Delegierte. Sie kennen vor allem auch aus den parteiinternen Diskussionen deren Charisma, die Begabung, andere in der öffentlichen Debatte zu überzeugen. Würde der Kandidat von den Mitgliedern vorgeschlagen, wäre er stärker auf diese angewiesen, was zwangsläufig auch seine Verbindungen zu diesen stärken würde. Das wiederum käme auf der einen Seite der eigenen Arbeit des/der Abgeordneten zugute, würde auf der anderen aber auch die zurzeit schwächelnde Sacharbeit in den Parteien befördern, das Interesse an den Mitgliederversammlungen heben und so auch den Kontakt zur Bevölkerung verbessern.

Die Parteien sollten darüber nachdenken, ob die Verweildauer ihrer Vertreter in den Parlamenten nicht wenigstens im Grundsatz zeitlich begrenzt werden sollte, um das Problem der „Platzhirsche“ zu lösen und die Kandidaturchancen für unverbrauchte, jüngere, aufgeschlossene Mitglieder zu erhöhen. Denn mit zunehmender Dauer der Wahrnehmung eines Amtes verbrauchen sich Kraft und Fantasie, die erforderlich sind, um immer wieder den Versuch zu unternehmen, aus den eingefahrenen Gleisen im Denken und Tun herauszukommen. Darüber hinaus zeigt die Erfahrung, dass die Abgeordneten in ihrer Sacharbeit immer wieder mit denselben Leuten aus der Exekutive oder den Vertretern wichtiger Interessen zusammenkommen. Man kennt sich; es entsteht im Laufe der Zusammenarbeit eine besondere Nähe, eine Vertrautheit, auch eine Wertschätzung; man erhält Lösungsvorschläge, tauscht Informationen aus, die man sonst nicht bekommen würde. Dies alles ist nicht illegal, bleibt aber nicht ohne Einfluss auf das eigene Denken, und langsam entfernt man sich immer weiter von dem, was diejenigen denken und empfinden, denen man sein Amt verdankt und für die man doch eigentlich die Regierungs-

und Interessenvertreter überwachen, kontrollieren und auch kritisieren sollte. Um daher die Kraft und die Unabhängigkeit zu wahren, die für die spezifische Arbeit der Abgeordneten als Vertreter des Volkes wichtig sind, ist es notwendig, das Amt zeitlich zu begrenzen. Nach zwei bis drei Legislaturperioden sollte ein Kandidatenaustausch vorgenommen werden. Ausnahmen mag es für solche Personen geben, für die außer Zweifel steht, dass sie trotz der beschriebenen Problematik ihre Verbundenheit mit der Bevölkerung nicht verloren haben.[101]

Auch eine Verbesserung der Streitkultur in den Parteien ist dringend erforderlich. Gerade wenn eine Partei Außenstehende für eine Mitarbeit gewinnen will, muss sie zuhören und respektvoll kommunizieren können. Angesichts der mangelhaften politischen Bildung wäre auch eine Einführung in die Arbeit in der Partei und die in ihr bestehenden Möglichkeiten, sich in die Meinungsbildung einzubringen, empfehlenswert.

Schließlich müssen die Parteien auch ihr Verhältnis zu ihren Nachwuchsorganisationen daraufhin überprüfen, ob sie ihnen nicht stärkere Mitwirkungsmöglichkeiten einräumen sollten und wie die dort vorhandenen Talente besser gefördert werden können. Zweckdienlich dafür finde ich etwa den Vorschlag fester Beteiligungsquoten für Jugendliche bei der Besetzung von Parteiämtern[102].

Die Vollbürger in den Demokratien der antiken Stadtstaaten gingen auf den Markt, um an den Entscheidungen teilzunehmen. Dies war für sie ein selbstverständlicher Teil ihres Bürgertums, in dem sie von klein auf lebten und auf das sie stolz waren. Auch für die Schweizer Bürger stellt es eine über die Jahrhunderte gewachsene Selbstverständlichkeit dar, an den Abstimmungen teilzunehmen. Bei uns ist Aufklärung über die Bedeutung der Mitarbeit in den Parteien für das Funktionieren von Demokratie in einem großen Flächenstaat erforderlich, und notwendig wäre auch eine Erziehung darauf hin, dass man als Demokrat in Parteien mitarbeiten sollte.

Diese Erziehungsaufgabe obliegt in einem demokratischen Staat in erster Linie der Schule. Aber diese politische Erziehung in Deutschland hat, jedenfalls in dieser

---

[101] Dazu Walter Schmitt-Glaeser „Die Abhängigkeit der Politiker als Funktionsmangel der Demokratie“, in: Zeitschrift für Rechtspolitik 2006 S. 10ff.,13; das Plädoyer für ein Ende der „politischen Klasse“ teile ich allerdings nicht.

[102] Hans-Peter Schneider „Das parlamentarische System“ in: *Handbuch des Verfassungsrechts,* herausgegeben von Benda u. a., Berlin 1983, S. 239ff., 286f.

Hinsicht, seit 1945 völlig versagt, da sie nicht vermittelt hat, dass Demokratie nicht zum Nulltarif zu haben ist, sondern der aktiven Mitarbeit der Demokraten bedarf. Zu Recht wird beklagt, dass der politischen Philosophie jede Vorstellung davon abhandengekommen sei, „dass eine vitale Demokratie durch Bildungsprozesse ihre eigenen kulturellen und moralischen Bestandsvoraussetzungen stets wieder erst selbst erzeugen muss“[103].

Ohne eine solche Erziehung wird sich auch langfristig nichts ändern. Angesichts der bestehenden Fehlvorstellungen und Vorurteile werden weiterhin von sich aus nur sehr wenige Bürger Zeit und Energie für unsere Demokratie „opfern“ und einer Partei beitreten, wenn sie denn nicht mit dem Beitritt bestimmte persönliche, vor allem berufliche, Erwartungen verbinden.

Besonders die Bildungspolitiker hätten nicht nur die Möglichkeit, sondern sogar die Aufgabe, in der politischen Bildung in der Schule, aber auch in anderen öffentlichen Bildungseinrichtungen, sehr viel stärker auf die Bedeutung einer Mitarbeit in den Parteien für unsere Demokratie hinzuweisen.

In allen Schulgesetzen wird als Erziehungsziel mehr oder minder konkret u. a. auch der demokratische Staatsbürger erwähnt. Dass dazu auch das Engagement in einer politischen Partei gehört, wird jedoch in den Lehrplänen ausgelassen. Es wird deshalb auch nicht darauf hin erzogen, dass es die geradezu selbstverständliche Aufgabe eines Demokraten ist, einen Teil seiner Zeit für das Funktionieren der Demokratie zur Verfügung zu stellen.

Symptomatisch ist in diesem Zusammenhang folgendes: Der Wochenschau Verlag hat 2014 in einer 4., völlig überarbeiteten Auflage sein *Handbuch politische Bildung* herausgegeben, welches auch von der Bundeszentrale für politische Bildung vertrieben wird. Wer jedoch auf den immerhin 608 Seiten Text etwas sucht über die Bedeutung der politischen Parteien für unsere Demokratie oder gar über die Notwendigkeit der Mitarbeit der Bürger in den Parteien, sucht vergeblich. In keinem der 60 Einzelbeiträge befasst sich auch nur einer von den 53 Mitarbeitern des Handbuchs ansatzweise mit dieser Problematik. Im Stichwortregister taucht der Begriff „Partei“ nicht auf. Behandelt werden dafür die wissenschaftlichen Grundlagen und die Institutionen der politischen Bildung, Praxisfelder und didaktische Prinzipien, inhaltsbezogene Aufgabenfelder, Methoden und Medien sowie die politische Bildung im internationalen Vergleich. Aber selbst wenn man unter dem

---

103 Axel Honneth „Die Schule der Demokratie“ in: DIE ZEIT vom 14.6.2012, S. 58.

inhaltsbezogenen Aufgabenfeld nachsieht, gibt es nur einen Aufsatz über „Institutionenkundliches Lernen“[104], in dem die Parteien als zu der Gruppe der gesellschaftlich-politischen Institutionen gehörend aufgezählt werden, neben den Gruppen der historisch-kulturellen und ökonomischen Institutionen sowie den Institutionen von Bildung und Wissenschaft. Wie auf diese Weise durch das „Handbuch“ Fachlehrern der politischen Bildung neue Anregungen zu dem hier interessierenden Problem für ihre alltägliche pädagogische Arbeit gegeben werden soll, wie es in der Einführung heißt, bleibt unerklärlich.[105]

Würde im Unterricht auf die Notwendigkeit einer Mitarbeit der Demokraten in den politischen Parteien hingewiesen und möglicherweise sogar für diese Mitarbeit geworben, hätte das mit Parteipolitik im eigentlichen Sinne nichts zu tun. Denn es geht nicht um Werbung für die Mitarbeit in einer bestimmten Partei. Es geht vielmehr um das Funktionieren unserer Demokratie unabhängig davon, welche Partei regiert, und es geht um die Vorbereitung der Heranwachsenden auf ihre Rolle als Staatsbürger.

Einem solchen Unterricht stünden auch die Grundsätze des „Beutelsbacher Konsenses“[106] nicht entgegen, der für die politische Bildung grundlegend sein soll. Im Gegenteil: Der hier geforderte Unterrichtsinhalt führt gerade nicht zu einer parteipolitischen Indoktrination. Er hätte vielmehr die Darstellung der unterschiedlichen politischen Lösungsansätze zum Inhalt und würde die Schüler in die Lage versetzen, die politische Situation im Lichte der eigenen Interessen zu analysieren. Er würde ihnen danach Wege aufzeigen, wie sie diese ihre Interessen praktisch fördern können, nämlich durch die Mitarbeit in der für die Durchsetzung dieser Interessen am geeignetsten erscheinenden politischen Partei.

Die Medien müssten auf die gewünschte Bewusstseinsänderung hinwirken, wofür es jedenfalls gegenwärtig keinerlei Anhaltspunkte gibt. 2016 veröffentlichte die

---

104 Peter Massig „Institutionenkundliches Lernen“ in: *Handbuch politische Bildung*, herausgegeben von Wolfgang Sander, 4. Aufl., Bonn 2014, S. 295ff.

105 Wolfgang Sander „Zur Einführung“ in: *Handbuch politische Bildung* S. 11; das oben in FN 17 erwähnte und von der Bundeszentrale für politische Bildung herausgegebene Büchlein *Demokratie* von Stefan Marschall behandelt auf weniger als zwei Seiten die Parteien, allerdings auch ohne die Wichtigkeit der Mitarbeit der Demokraten in den Parteien zu erwähnen.

106 *Handbuch politische Bildung*, oben Anm. 101, S. 21, 160, 189, 266, 288.

damals stellvertretende Chefredakteurin der Wochenzeitung DIE ZEIT[107], Sabine Rückert, 10 Punkte zu der Frage „Was ich tun kann, um die Demokratie zu stärken, in der ich lebe“ mit dem Hinweis „Zum Ausschneiden und immer-dran-Denken“. Die Empfehlung, in einer politischen Partei mitzuarbeiten, fehlt bei diesen 10 Punkten. Die Parteimitgliedschaft wird auch sonst nur ausnahmsweise als ein Mittel zur Verbesserung unserer Demokratie beschrieben. Der „Wutbürger“ wird als der Idealtypus des Demokraten dargestellt, nicht das aktive Parteimitglied. Gerade bei den Medien wirkt sich möglicherweise aus, dass sie dem Publikum als den Kunden keine unangenehmen Wahrheiten sagen möchten, etwa des Inhalts, die Leute sollten, statt auf dem Sofa zu sitzen und über Politikverdrossenheit und Frustrationen zu schwadronieren, lieber in politischen Parteien mitarbeiten und dadurch unsere Demokratie verbessern.

Dabei kann man dies den Medien noch nicht einmal zum Vorwurf machen. Denn auch in der politischen Wissenschaft gibt es nur sehr wenige Vertreter, welche die Mitarbeit in einer politischen Partei für ein wesentliches Heilmittel gegen den *Zerfall der Demokratie* halten, so der Titel eines Buches des in Harvard lehrenden Politologen Yascha Mounk, der dort wörtlich schreibt:

> „… so uncool es auch sein mag, einer lang etablierten Partei beizutreten, bleibt das klassische politische Engagement der bei Weitem wirkungsvollste Schritt gegen die Populisten. Die etablierten Parteien sind dringend auf die Energie und den Enthusiasmus von jungen Aktivisten angewiesen“[108].

Bei anderen Autoren lassen sich ähnliche Aussagen nicht finden, auch bei denen nicht, die Entwürfe für eine Revitalisierung unserer Demokratie vorstellen. Ein Beispiel ist das schon eingangs erwähnte Buch von Roger de Weck, in dem er 12 Ansätze zur Neubelebung demokratischer Institutionen beschreibt[109], die mit ihrem Schwerpunkt auf einer Verstärkung der Umwelt- und Klimapolitik sicher bedenkenswert sind – von der Einführung eines „Rates der Umweltweisen“ und eines „Europäischen Gerichtshofs für die Rechte der Natur“ bis zu dem, was viele vorschlagen, nämlich dem Ausbau der direkten Demokratie. Von einem stärkeren de-

---

107 DIE ZEIT Nr. 33 vom 4.8.2016, S. 2.

108 Yascha Mounk, *Der Zerfall der Demokratie*, München 2018, S. 218.

109 Roger de Weck, *Die Kraft der Demokratie*, oben Anm. 9, S. 234ff.

mokratischen Engagement der Bürger in Form von Mitarbeit in politischen Parteien ist jedoch nicht die Rede. Das Plädoyer für die Einführung und den Ausbau plebiszitärer Elemente ist im Gegenteil tendenziell gegen Parteiarbeit gerichtet. Das Gleiche gilt für diejenigen, die bei ihren Vorschlägen zur Gesundung unserer Demokratie mit einer Revitalisierung des Systems aus der klassischen Zeit Athens liebäugeln und sich für die Auslosung der Mitglieder von Entscheidungsgremien einsetzen. Denn für sie ist ja ein wichtiger Gesichtspunkt, dass es im klassischen Athen keine politischen Parteien gab.

Dass es in der Wissenschaft heute so Wenige gibt, die sich deutlich für ein stärkeres Engagement der Bürger in den politischen Parteien einsetzen, ist umso verwunderlicher, als die gleichen Wissenschaftler bis heute auch nicht ansatzweise ein System entwickelt haben, wie eine Demokratie nach dem Grundgesetz in der Realität ohne die Mitarbeit der Bürger in den politischen Parteien auskommen könnte. Ebenso sind bislang von der politischen Wissenschaft keine Vorstellungen und Konzepte zur Legitimierung von Regierung in nachparlamentarischen Gesellschaften entwickelt worden, und zwar unabhängig von der Frage, ob solche Wege nach dem Grundgesetz überhaupt zulässig wären.

Abgesehen von diesen fehlenden Ideen aus dem Bereich der Wissenschaft, kann man wohl auch daran zweifeln, dass unsere Zeit eine Begabung hat für Erziehung zu demokratischem Engagement. Wir analysieren die Situationen und die Gründe für das schwindende Engagement bis in die feinsten Einzelheiten. Aber wir haben nicht die Kraft, Gegenmaßnahmen zu entwickeln. Wir haben auch nicht den Mut, die Bürger darauf hinzuweisen, dass die Probleme unserer Demokratie in erster Linie bei ihnen liegen, bei ihrem fehlenden demokratischen Engagement im hier beschriebenen Sinne, und nicht bei „der Politik".

Ich kann mir dennoch nicht vorstellen, dass Erziehung in diesem Bereich nicht erfolgreich sein könnte, wenn man sie denn wirklich wollte. Was wird nicht nur den Kindern und Jugendlichen, sondern auch uns Erwachsenen heute alles mit den raffiniertesten Methoden beigebracht: Modeverhalten, Markentreue, Medienkonsum, Vorlieben für Musik und Spiele, Sportarten und Freizeitverhalten und vieles andere mehr. Warum nicht auch einmal etwas Vernünftiges zur demokratischen Mitwirkung? Aber will man das denn wirklich? Dann müsste man selbst sich ja auch engagieren. Hinter allem, wofür tatsächlich geworben wird, steht regelmäßig viel Geld. Selbstloses politisches Engagement jedoch gehört zu dem, „was man für Geld nicht kaufen kann", um den Titel des bekannten Bestsellers[110] des amerikanischen Moralphilosophen Michael J. Sandel an dieser Stelle zu zitieren.

Ziel dieser Bewusstseinsänderung in der Bevölkerung sollte sein, dass es für einen Demokraten zur Normalität wird, an der politischen Meinungsbildung und an der Auswahl des politischen Personals in einer Partei als Mitglied mitzuwirken. Zur Verbesserung der demokratischen Prozesse benötigen wir mehr vernünftige und unabhängige Parteimitglieder, damit die Entscheidungen sachorientiert und bürgernah ausfallen. Parteien benötigen nicht in erster Linie Menschen, die dort Karriere machen oder ihre persönlichen Defizite durch Aktionismus ausgleichen wollen. Sie brauchen als Mitglieder normale Menschen, die schlicht und einfach ihre Meinungen, ihre Kenntnisse, ihre Fähigkeiten, ihre Fantasie und ihre Lebenserfahrung in den Willensbildungsprozess innerhalb der Partei einbringen wollen und dies auch können, die nicht nur ihr Wahlrecht selbst ausüben, sondern schon im Vorstadium, bei der Auswahl der Kandidaten, ein Wort mitreden möchten. Ein solchermaßen begrenztes Engagement würde auch den Rahmen des persönlichen Einsatzes auf ein vernünftiges Maß reduzieren und die notwendige Unabhängigkeit erhalten. Der Ehrgeiz, in der Politik Karriere zu machen, kann sich dann von selbst ergeben oder auch ausbleiben.

Und was ist, wenn diese Bewusstseinsänderung nicht erfolgt? Man könnte die schon heute sichtbaren Entwicklungslinien weiter in die Zukunft ausziehen und daraus neue Konzeptionen entfalten. Dabei muss man allerdings offen bleiben für völlig neue Ideen und Bewegungen. Ich will mir das ersparen. Mein Anliegen ist lediglich, die Diskussion über die Politikverdrossenheit unserer Bürger durch einen Hinweis auf die vorhandenen, aber nicht genutzten Mitwirkungsmöglichkeiten in den Parteien zu bereichern. Was passieren wird, wenn diese Möglichkeiten weiterhin immer weniger genutzt werden, ist ein anderes Thema.

---

[110] Michael j. Sandel, *Was man für Geld nicht kaufen kann*, 2. Aufl., Berlin 2012.

FSC
www.fsc.org
MIX
Papier | Fördert gute Waldnutzung
FSC® C083411

Zeitfracht Medien GmbH
Ferdinand-Jühlke-Straße 7
99095 Erfurt, Deutschland
produktsicherheit@kolibri360.de